괴짜 통계학

숫자로 읽는 놀라운 세상 이야기!

괴짜 통계학

김진호 지음

한국경제신문

통계에 관한 독설

정보화 사회에서 통계는 새삼 강조할 필요가 없을 정도로 그 중요성과 유용성을 모두가 인식하고 있다. 수많은 수치와 정보를 편리하고 적절한 형태로 요약해 주는 통계는 국가나 회사의 중요한 정책 결정에서부터 개인의 사적인 결정에 이르기까지 널리 이용된다. 따라서 개인이나 조직이 통계를 올바로 이해하지 못한다면 주어진 정보를 제대로 평가할 수 없을 뿐 아니라, 올바른 결정을 내리기도 어렵다.

다양한 종류의 통계와 활용도는 한 나라가 얼마나 발전되었는지 가늠하는 척도 중 하나가 되었다. 국민들의 수數에 대한 올바른 이해의 정도識數 : numeracy는 과학화, 정보화 시대가 진화할수록 더욱 중요한 것으로 인식되기 때문이다. 글을 읽지 못하는 문맹文盲과 더불어 수를 제대로 이해하지 못하는 수문맹數文盲 : inumeracy도 한 나라 문명의 척도가 된 세상이다.

그러나 이처럼 유용한 통계에 대한 일반인의 신뢰는 높지 않은 편이다. 일반인의 낮은 신뢰는 통계에 대한 여러 가지 냉소적인 독설에서 입증된다. 통계와 관련된 독설 가운데 가장 널리 알려진 것은 통계를 거짓말의

범주에 포함시킨 것이다.

"거짓말에는 세 가지 종류가 있다. 거짓말, 새빨간 거짓말, 그리고 통계
There are three kinds of lies : lies, damn lies, and statistics."

세 가지 거짓말은 그 정도가 약한 것에서부터 심한 것 순으로 배열되어
있다. 따라서 통계는 새빨간 거짓말보다 더 심한 거짓말로 표현됨을 알
수 있다. 여기서 통계란 통계 자체가 아닌 통계를 빙자한 숫자놀음을 의
미한다. 이 말을 맨 처음 언급한 사람은 누구일까? 이와 관련해서는 전前
영국총리 디즈레일리Disraeli 라는 설과 미국의 작가 마크 트웨인Mark Twain
이라는 설이 있다. 드물기는 하지만 그 외에도 여러 다른 사람을 인용하
기도 하고 심지어 '작자미상author unidentified' 이라고 인용한 책도 있다.
우리나라에서는 주로 디즈레일리와 트웨인을 인용한다. 언젠가 디즈레일
리 영국총리는 이렇게 말했다고 전한다.

"거짓말에는 세 가지가 있다. 평범한 거짓말과 못된 거짓말, 그리고 통계
숫자다."

마크 트웨인 역시 거짓말의 종류에는 세 가지가 있다고 주장했다.

"그냥 거짓말과 지독한 거짓말, 그리고 통계."

그러나 마크 트웨인은 이 말을 처음으로 사용한 사람이 아니다. 혹자는 마크 트웨인의 자서전에 이 말이 나와 있어서 그가 한 말이라고 주장하며 인용하곤 하나, 그의 자서전을 꼼꼼히 읽어보면 마크 트웨인은 이 말이 디즈레일리의 것이라고 밝혔다. 마크 트웨인의 지적처럼 디즈레일리가 한 말이 사실일까? 유명인의 어록語錄 조사가 존 비비John Bibby 에 따르면, 정작 디즈레일리의 전기Disraeli and His Day by Sir William Fraser 어디에서도 이 말을 찾아볼 수 없다고 하니, 디즈레일리도 주인공이 아닐 공산이 크다. 그럼 과연 이 조크를 만든 주인공은 누구일까? 아마도 어떤 상황을 풍자적으로 표현하는 과정에서 이 말이 자연스럽게 생겨났는지도 모른다. 만약 요즘의 남편을 이런 식으로 표현한다면 다음과 같을 것이다.

"남편의 종류로는 세 가지가 있다. 애처가, 공처가, 그리고 간 큰 남자가 그것이다"

러시아인들은 정치에 대한 불신이 높은지 다음과 같이 말한다고 한다.

"거짓말에는 세 가지가 있다. 작은 거짓말과 큰 거짓말, 그리고 정치다."

또한 통계에 대한 독설로 이런 말도 있다.

"사람들은 마치 비틀거리는 술주정꾼이 가로등을 이용하듯이 통계를 이용한다."

앤드루 랭Andrew Lang의 말이다. 술 취한 사람들은 어두운 밤 불을 밝히는 가로등을 자신의 비틀거리는 몸을 가누는 데 이용한다. 이 비유는 사람들이 사실을 밝히기 위해 통계를 이용하는 것이 아니라, 자기의 주장을 뒷받침하고자 통계를 이용한다는 의미다. 통계의 유용성과 중요성을 생각할 때 이러한 독설은 냉소적으로 여겨진다. 사회에 대한 통계의 공헌을 고려한다면 통계는 이보다 나은 대접을 받을 권리가 있다. 그러나 이런 인식은 그 동안 통계가 공정성을 잃고 어떤 목적을 위한 수단으로 조작, 왜곡되어 온 결과이므로 모두가 책임을 느껴야 한다. 일반인이 이해하지 못한다는 가정 아래 숫자놀음을 통한 사실 왜곡이나 논리 비약으로 자신의 주장을 합리화하려 한다면 통계에 대한 불신은 계속 커질 수밖에 없다. 다음의 말들은 통계에 대한 불신이 통계 자체보다는 통계를 이용하는 사람들에게 있다는 사실을 보여준다.

"숫자는 거짓말을 하지 않는다. 그러나 거짓말쟁이들은 숫자를 이용하고자 늘 궁리한다."

"통계로 무엇이든 증명할 수 있다. 그러므로 통계는 그 어떤 것도 증명할 수 없다."

"통계는 법정에서의 증인과 같다. 원고나 피고 어느 쪽을 위해서 증언하도록 부를 수 있다."

숫자를 싫어하고 두려워한다면 어떻게 해야 할까? 가장 좋은 방법은 빨리 숫자와 친해지는 것이다. 그렇지 않으면 계속 숫자를 두려워하고, 숫자에 속고, 그래서 더욱 숫자를 싫어하게 되는 악순환이 반복될 뿐이다. 숫자와 친해지는 일은 꼭 어려운 것만은 아니다. 그렇다고 숫자를 올바로 이해하기 위해 반드시 수학자가 될 필요도 없다. 우리가 매일 접하는 수많은 숫자들은 중학교 때까지 배운 수학 지식으로 쉽게 이해할 수 있는 것들이다. 우리가 수에 대한 안목을 높일 때에야 비로소 통계를 만드는 사람들은 합리적이고 타당한 방법으로 통계를 창출하고, 통계를 사용하는 사람들은 주관적인 왜곡 없이 원칙에 따른 정보제공을 하게 될 것이다. 웰스H. G Wells는 이런 말을 했다.

"머잖아 통계적인 사고는 읽기, 쓰기와 마찬가지로 유능한 시민이 되기 위한 필수조건이 될 것이다."

웰스가 말하는 멀지 않은 시기는 바로 오늘일 수도 있다. 과학이 끊임없이 발전하는 현대사회를 조망해 보자. 과학의 바탕이 되는 수학 공부에 오랫동안 많은 시간을 투자했으면서도 많은 사람들이 숫자에 두려움을 갖는 현실은 불행한 일이다. 이렇듯 숫자화된 사회에서는 통계가 우리와 늘 가까이 있다. 따라서 수문맹에서 벗어나 숫자를 올바로 이해하는 일은 유능한 시민이 되기 위한 필수 조건이다. 폴록J Pollock은 이런 말을 했다.

"새로운 언어는 우리가 그것을 정복하기 전까지는 골칫거리다. 그러나 통달
하고 난 뒤에는 손 안에 있는 커다란 힘이 된다."

필자는 전혀 새로울 것 없는 우리의 묵은 언어와 숫자를 정복하기 위해
이 책을 썼다. 모쪼록 이 책을 접하는 독자들이 더 이상 숫자놀음에 속지
를 않기 희망하며, 숫자를 올바로 이해할 수 있는 힘과 능력을 갖추기 바
라마지 않는다.

2008년 1월

김진호

C O N T E N T S

3장 ●●● 통계, 알면 약이고 모르면 독이다

4장 ●●● 알쏭달쏭, 현란한 눈속임의 통계들

5장 ••• 수치를 모르면 코 베어가도 모르는 세상

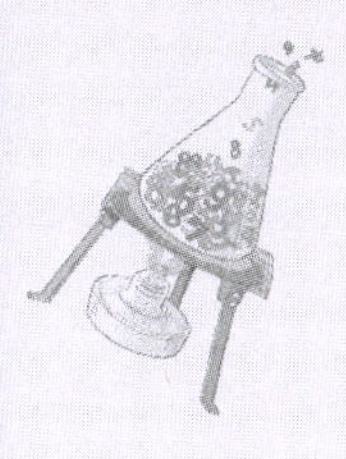

CHAPTER 1

우연을 가장한 필연의 법칙

01
머리 식히는 문제 몇 개

본격적인 이야기를 하기에 앞서 우선 머리를 식힐 수 있는(?) 문제 몇 가지를 풀어보도록 하자. 혹시 머리가 더 복잡해졌노라고 딴지를 걸지는 말지어다.

[문제 1] 시저의 마지막 숨. 먼저 숨을 크게 들이 쉬어라. 셰익스피어William Shakespeare의 표현이 정확한 것이라고 가정한다면 줄리어스 시저Julius Caesar는 마지막 숨을 거두기 전 "브루투스, 너마저…"라고 가쁜 숨을 몰아쉬며 말했다. 자 그렇다면 문제, 시저가 죽어가면서 마지막으로 내뱉은 공기 분자를 당신이 지금 들이마셨을 확률은 얼마일까?

[문제 2] 서울 시민 중 적어도 두 사람은 머리카락 수가 똑같다는 것을 증명하라.

[문제 3] 당신이 1에서 100만 사이의 숫자를 하나 선택했다. 누구든지 당신에게 스무 고개의 질문을 하면 '예', '아니오' 라는 대답만으로 당신이 선택한 숫자를 맞힐 수 있다. 어떻게 스무 고개만으로 그 숫자를 알아맞힐 수 있을까?

[정답 1] 시저가 죽어가면서 마지막으로 내뱉은 공기 분자를 당신이 지금 들이마셨을 확률은 놀랍게도 99% 이상이다. 99% 이상의 확률로 지금 당신이 그 분자를 들이마셨다는 것이다. 이 답을 설명하기 위해 다음과 같은 가정을 한다. 시저가 내뱉은 분자들은 2000년 이상이 지난 후에도 전 세계로 균일하게 퍼져나가 대부분 아직도 대기 중에 떠다니고 있다. 이처럼 이성적으로 정당한 가정 아래 에서 확률을 계산하는 문제는 간단하다.

세계의 대기 중에 N개의 분자가 있고, 시저가 내뱉은 것은 A개라 고 하면 당신이 들이마시는 한 개의 분자가 시저가 내뱉은 것일 확률은 A/N이다. 반면에 당신이 들이마시는 한 개의 분자가 시 저가 내뱉은 것이 아닐 확률은 1−A/N이다. 만약 당신이 3개의 분자를 들이마신다면 그 세 개의 분자 모두 시저가 내뱉은 것이 아닐 확률은 곱셈원리에 의해 (1−A/N)×3이다. 마찬가지로 당신이 B개의 분자를 들이마신다면 그 모두가 시저가 내뱉은 분자가 아닐 확률은 약 $(1-A/N) \times B$다. 따라서 그 반대의 경우, 즉 시저가 내뱉은 분자 중 적어도 하나를 당신이 들이마실 확률은 $1-(1-A/N) \times B$다. A, B(각각 2.2×1,022분자)와 N(약 1,044분자)의 수치를 대입해 계산하면 그 확률은 0.99 이상이다.

적어도 이렇게 분자를 호흡하는 최소한의 감각에서 우리 모두가 결과적으로 서로의 일부분이라는 사실이 흥미롭지 않은가.

[정답 2] 서울 시민 가운데 적어도 두 사람은 머리카락 수가 똑같다는 사실을 굳이 사람들의 머리카락 수를 일일이 세어 확인할 필요는 없다. 아래의 계산한 결과로 그 사실을 증명해 보이겠다.

- 사람들 머리에는 얼마나 많은 머리카락이 있을까? 아주 촘촘하게 머리카락이 난다고 가정하더라도 1평방 센티미터(cm²)당 최대 5,000개를 넘을 수는 없다.
- 머리카락이 나는 머리의 면적은 아무리 머리가 큰 사람이라 해도 1,000cm²를 넘을 수 없다.

이 두 가지 전제를 바탕으로 계산하면 사람의 최대 머리카락 수는 5,000×1,000=500만 개다. 이는 서울 시민(약 1,000만 명)의 숫자보다 훨씬 작다. 따라서 서울 시민 중에 머리카락 수가 똑같은 사람은 적어도 두 사람 이상이다.

[정답 3] 매번의 질문으로 가능성은 절반으로 줄어든다. 예컨대 "그것이 500,000과 같거나 그보다 작습니까?"의 첫번째 질문으로 1,000,000(1/2)의 가능성이 남는다. 두 번의 질문으로 1,000,000(1/2)2가 남고, 20번의 질문으로 1,000,000(1/2)20의 가능성이 남는다. 마지막 가능성의 수는 1보다 작기 때문에 그 숫자를 알 수 있다. 따라서 1과 10억 사이의 숫자를 결정하려면 30차례의 질문이면 충분하다. 1,000,000,000(1/2)30이 1보다 작기 때문이다.

02

머피의 법칙? 머피의 오류!

그룹 DJ Doc의 〈머피의 법칙〉이라는 노래가 한동안 인기를 끌었다. 이 노래 속 주인공은 "미팅에 나가 '저 애만 안 걸렸으면' 하는 애가 꼭 짝이 되고, 오랜만에 동네 목욕탕에 가면 정기휴일"이라고 투덜댄다. 이 노래가 인기를 끈 이후 많은 사람들의 일상대화에서도 머피의 법칙이 언급되곤 한다. 머피의 법칙이란 '잘못될 가능성이 있는 것은 반드시 잘못되고야 만다'는 의미로 일이 예상과 달리 자꾸 꼬일 때 사용하는 표현이다. 머피의 법칙 원조元祖는 우리나라 속담에도 있다.

'개똥도 약에 쓰려면 없다'는 속담이 바로 그것이다.

한 TV 프로그램에서 조사한 머피의 법칙 사례 몇 가지를 살펴보자.

"급해서 택시를 기다리면 빈 택시는 길 건너편에 나타난다. 기다리다 못해 길을 건너가 택시를 기다리면 다시 반대편에 빈 택시가 자주 지나간다."
"기다리던 전화는 기다리다 지쳐 신발 끈까지 묶고 집을 나서려는 순간 걸려온다."
"자동차 기름이 떨어져 주유소를 찾으면 꼭 반대쪽에서 주유소가 나타난다."

그러나 머피의 법칙이란 사람들이 자주 일으키는 판단의 착각일 뿐이다. 사람들은 어떤 사건의 확률을 평가할 때 쉽게 기억나는 사건들이 일어날 확률을 높게 평가하는 경향이 있다. 이것을 사람들의 판단 오류 중 하나인 유용성 오류availability bias 라고 한다. 예컨대 살인사건으로 인해 죽을 확률과 자살로 죽을 확률 중에서 어떤 확률이 더 높다고 생각하는가? 대부분의 사람들은 살인사건으로 죽을 확률이 훨씬 크다고 생각한다. 살인사건은 매스컴에 크고 자세히 다루어지므로 사람들이 기억을 쉽게 떠올리는 반면, 자살사건은 거의 보도되지 않기 때문이다. 그러나 실제로는 자살로 죽는 사람이 더 많다. 심지어 세계 50억 인구 중 어떤 사람이 당신을 죽일 확률보다 당신이 자살할 확률이 더 높다고 한다. 또한 사람들은 자동차여행보다 비행기여행이 훨씬 위험하다고 생각한다. TV 뉴스에서 본 비행기사고 장면에 대한 기억이 그런 판단을 내리도록 만들지만 실제

머피의 법칙이야말로 오류다. 인생에서는 일어날 것 같지 않은 일들이 가끔씩 일어나기도 하는데, 그런 경험은 사람들의 뇌리에 인상적으로 남기 때문에 '일어날 것 같지 않은 일들이 반드시 일어난다'고 착각하는 것이다.

로는 비행기여행이 자동차여행보다 훨씬 안전하다.

사람들의 경험 가운데 어떤 것들은 머릿속에 오래 남는다. 감동적인 장면이라든가 매우 슬펐던 기억 등은 상대적으로 쉽게 떠올릴 수 있다. 그런 것 중 하나가 일이 잘 풀리지 않아 꼬였던 기억일 것이다. 그런 기억은 쉽게 되살릴 수 있으므로 사람들은 그런 사건의 확률이 높을 거라는 착각에 빠진다. 심지어 그런 착각이 어떤 법칙인 것처럼 믿으며 '머피의 법칙'이라는 이름까지 붙이게 된 것이다. 그러나 실제로는 미팅에서 짝이 되고 싶지 않은 여자와 짝될 확률은 그렇지 않을 확률보다 더 낮고, 목욕탕에 가서 목욕 잘 하고 돌아오는 경우도 더 많다. 다만 이 같은 경험은 너무나 당연해서 기억하고 있지 않는 것뿐이다. 마찬가지로 급할 때 빈 택시를 못 잡아 애태웠던 순간, 흔하게 널린 개똥을 약에 쓰려고 찾아도 눈에 잘 띄지 않아 당황했던 경우 등은 머리에 오랫동안 남는다. 그렇다면 '잘못될 가능성이 있는 것은 반드시 잘못되고야 만다' 는 머피의 법칙이야말로 오류다. 아리스토텔레스Aristoteles 가 말했듯이 일어날 것 같지 않은 일들이 가끔씩 일어나기도 하는데, 그런 경험은 사람들의 뇌리에 인상적으로 남기 때문에 '일어날 것 같지 않은 일들이 반드시 일어난다' 고 착각하는 것이다. 그러므로 머피의 법칙을 다음과 같이 길게 수정할 수 있다.

"잘못될 가능성이 있는 것은 우연에 의해 잘못될 수 있다. 그러나 사람들은 잘못되었던 경우만을 주로 기억하며, 심지어 잘못될 가능성이 있는 것은 반드시 잘못된다고 착각까지 하는 것이다."

이것을 '머피의 오류' 라고 이름 붙이자. 그러나 머피의 오류는 사람들에게 곧 잊혀지고 여전히 머피의 법칙만 기억될지도 모른다.

03
'우연의 일치'야말로 우연일 뿐이다

우연의 일치는 대부분의 사람들이 생각하는 것 보다 더욱 자주 일어난다. 가장 흔한 예를 들겠다. 처음 보는 사람과 대화를 나누다가 그 사람이 자기 친구의 친구이거나, 아는 사람의 친척이라는 사실을 알고는 놀라는 경우가 종종 있다. 그럴 때마다 사람들은 "세상이 참 좁군요"라고 말한다.

어떤 사람들은 여기저기에서 우연의 일치를 찾아낸다. "콜럼버스Christopher Columbus가 1492년에 신대륙을 발견했는데, 같은 이탈리아인 페르미Enrico Fermi는 1942년 원자atom의 신세계를 발견했다", "기네스북에 오른 우리나라 신동神童의 부모는 생일이 같다" 등등 그 사례는 열거하기 어려울 정도로 많다.

링컨Abraham Lincoln과 케네디John. F Kennedy 대통령에 관한 우연의 일치 목록을 보면 자못 흥미롭다. 링컨은 1860년, 케네디는 1960년에 대통령으로 각각 당선됐다. 두 사람의 이름은 7개의 알파벳으로 돼 있고, 링컨 대통령의 비서는 이름이 케네디였는데, 케네디 대통령의 비서는 링컨이었다. 또한 두 사람을 암살한 사람은 각각 John Wikes Booth와 Lee Harvey Oswald로 이름이 석 자씩이며, Booth는 극장에서 저격한 뒤 창고로 도망갔고, Oswald는 창고에서 저격한 뒤 극장으로 도망갔다.

마魔의 바다라고 일컬어지는 버뮤다 삼각지대라는 곳이 있다. 미국 동남쪽 바다에 있는 버뮤다 제도와 플로리다, 푸에르토리코를 잇는 3각 해역으로 그곳에서는 비행기와 배 사고가 자주 일어나는데, 시체나 비행기 배의 파편조차 발견되지 않는 경우가 많아서 그런 무시무시한 이름이 붙은 것이다. 많은 사람들이 이 버뮤다 해역의 수수께끼를 다양한 이론으로 설명한다. 조류潮流의 영향, 중력이나 전자파의 작용, 심지어 UFO가 관련됐다는 설도 있다. 과연 그럴까? 미국 해안경비대가 실제로 조사해 내린 결론에 따르면, 이 지역의 사고 빈발은 순전히 우연히 일어난 것이라고 한다. 물론 여전히 많은 사람들이 그 조사 결과와 무관하게 아직도 불가사의한 의문을 갖고 있다.

어떤 우연의 일치는 그것이 일어날 확률이 매우 낮다. 그래서인지 사람들은 어떤 우연의 일치가 일어나면 매우 놀라고 그것에 대해 끊임없이 수다를 떨며 나름의 의미를 부여하려고 한다. 더욱이 어떤 사람들은 그 우연의 일치가 알 수 없는 힘의 작용에 의해 일어났다고 믿는다. 그러나 아주 오래 전에 소크라테스가 말했듯이 일어날 것 같지 않은 일들도 가끔씩 일어나는 것이다. 우연의 일치는 지극히 자연스런 현상이며 실제로 우리 일상 가운데 매일 수많은 우연의 일치가 일어난다.

〈포레스트 검프Forrest Gump〉라는 영화 속 주인공은 "기적은 매일 일어난다"라고 되뇌었는데, 그가 말한 기적 대부분은 우연의 일치다. 사람들은 우연의 일치가 일어나면 그것이 일어나기 힘든 일이라는 선입관에 사로잡힌 나머지 그야말로 우연히 일어날 수 있는 사건이라고 생각하지 않는다.

우연의 일치가 얼마나 흔하게 발생하는지는 다음의 확률 문제로 설명할 수 있다. 만약 1,000개의 주소가 적힌 봉투와 1,000개의 주소가 적힌 편지를 완전히 뒤섞고서 아무렇게나 한 편지를 한 봉투에 넣는다고 하자. 적어도 하나의 편지가 동일한 주소가 적힌 봉투에 넣어질 확률은 얼마인까? 놀랍게도 그 확률은 63%나 된다. 서울 시민(1,000만 명으로 가정)을 대상으로 이 같은 실험을 한다면, 평균 6,300만 명의 사람이 우연에 의해 제대로 된 편지를 받게 되는 것이다.

1년은 365일이다. 따라서 만일 366명의 사람이 함께 모여 있다면 그 집단에서 적어도 두 사람은 틀림없이(확률 100%) 생일이 같을 것이다. 그런데 이 확률이 100%가 아니고 50%라면 어떻게 될까? 즉 생일이 같은 사람이 적어도 두 사람일 확률이 50%가 되기 위해선 이 집단에 몇 명이 있어야 할까? 놀랍게도 정답은 단지 23명이다. 다시 말하면 아무렇게나 모인 23명의 중에서 적어도 두 사람이 생일이 같을 확률은 50%다. 따라서 학교나 직장에서 두 사람의 생일이 일치한다고 해도 그리 놀랄 만한 일이 아니다. 혹시 서로의 생일이 같다면서 호들갑 떨고 정신을 혼란스럽게 하거든 목에 힘을 주고 위의 예를 들어 분위기를 평정하는 것도 재미있을 것이다. 이처럼 사람들이 이해하는 것보다 더 흔하게 일어나는 것이 우연의 일치다. 그러나 사람들은 우연의 일치가 일어나기 힘든 일이라는 선입관에 사로잡혀 그것이 쉽게 발생할 수도 있는 사건이라는 것을 망각한다. 더욱이 수문맹인 사람들은 우연의 일치에 매혹(?)당해 거기에 꼭 나름대로 의미를 부여한다. 심지어 우연의 일치를 자신의 세계에서 효력이 있는 어떤 놀랍고 불가사의한 조화의 증거로 간주한다. 유명한 심리학자 프로이드는 "우연의 일치 같은 것은 없다"고 단언한 반면, 또 다른 심리학자 융은 우연의 불가사의한 신비에 매료당했다.

인간관계가 복잡해짐에 따라 현대인들은 우연의 일치가 갖는 불가사의한 측면에 더 관심을 갖는다. 남녀 간의 관계에서 우연의 일치는 필연으로 받아들여진다. 같은 색깔을 좋아한다든가 취미의 일부분이 같기만 해도 천생연분의 계시로 생각하고 싶어한다. 그야말로 "우리 만남은 우연이 아니야…"라는 노래가 절로 나온다.

소설 속에서도 우연은 우주의 섭리로 묘사되는 경우가 많다.

"우리가 이해할 수 없는 일은 인간의 힘으로 이해할 수 없는 것이기 때문에 그런 것이다. 그것의 진실은 우주와 인간 사이에 묵계된 영원한 약속이 무엇인지 깨달았을 때만 비로소 이해된다. 나는 이 일들을 통틀어 섭리攝

理라고 부른다. 섭리의 법칙을 아는 사람은 우연이라는 것을 인정하지 않는다. 우주의 질서와 우주가 베푸는 은혜 속에는 우연이란 실수는 없다."[1]

오직 우연만이 메시지로 이해될 수 있다. 필연성에서 발생하는 것, 예측할 수 있는 것, 매일 반복되는 것에는 메시지가 없다. 오직 우연만이 무엇인가를 이야기해 준다. 우리는 우연에서 마치 집시 여인들이 커피 잔의 밑바닥에 그려진 무늬를 보고 점을 치듯 무엇인가를 읽으려 애쓴다.

"그 호텔 식당에 토머스가 나타난 것은 테레사에게는 절대적 우연의 계시였다. 그는 책을 앞에 펴두고 탁자에 앉아 있었다. 그는 테레사를 쳐다보고 미소 지으면서 말했다. '코냑 한 잔 줘요!' 이 순간 음악이 라디오에서 울려나왔다. 테레사는 코냑을 가져오기 위해 카운터로 갔다. 그리고 라디오 소리를 더 크게 하려고 스위치를 돌렸다. 라디오에서 나오는 음악이 베토벤의 곡임을 알아차렸던 것이다. … 그녀가 주문한 코냑을 카운터에서 토머스가 앉아 있는 탁자로 가져오는 동안 그녀는 이 우연에서 무엇인가를 읽으려 애썼다. 그녀가 자기의 마음이 끌리게 하는 알지 못하는 이 남자에게 코냑을 갖다 주고 있는 지금 하필이면 베토벤 곡을 듣는다는 것이 어떻게 가능했는가?"[2]

대부분의 종교에서는 우연을 신의 섭리나 우주의 질서로 설명한다. 예컨대 불교의 중요한 사상 중 연기설緣起說이 있다. 연기설이란 인간을 포함한 세상의 모든 존재가 상호 의존관계를 맺고 있다는 것이다. 이 이론에는 세상 모든 일이 인연에 의해 일어나며 우연은 존재하지 않는다는 내용이 들어 있다. 모르는 사람끼리 길을 지나다 옷깃을 스치는 가벼운(?) 일마저도 전생에서는 오랜 기간(억겁億劫) 아주 가까운 인연이었어야만 가능한 일이라고 설명한다.

무한히 반복되는 파이의 값에서 우연은 많이 발견된다. 원주율은 원 둘레를 원의 지름으로 나눈 비율이다. 파이는 원의 넓이를 계산할 때 상수constant로 취급한다. 그러나 파이는 그 값을 정확하게 계산할 수 없는 무리수다. 따라서 수천 년 전부터 사람들은 얼마나 정확하게(소수점 몇 자리까지) 파이의 값을 계산할 수 있느냐에 관심을 보였다. 역사적으로도 많은 수학자가 이 계산을 위해 일생을 바쳤으며, 어떤 학자는 파이의 계산이 '수학자들이 결코 싫증내지 않는 놀이'라고까지 표현했다. 파이의 정확한 계산은 동시대 수학적 지식의 수준을 나타내는 척도로 평가되고 있다. 고대 헤브류인들은 솔로몬의 신전을 지을 때 파이의 근사치를 정밀함이 떨어지는 3으로 계산해 사용했다. 고대 이집트인들은 파이의 근사치로서 7분의 21을 대단위 토지측량과 건축에 사용했다. 피타고라스 역시 이 값을 이용했으며, 오늘날에도 7분의 21을 파이의 근사치로 사용한다. 컴퓨터가 발달한 오늘날에도 더 정확한 파이 값을 계산하려는 수학자들의 노력은 계속되고 있다. 누군가 슈퍼컴퓨터를 이용해 소수점 이하 몇 천만 자리까지 계산했다는 뉴스가 가끔씩 신문에 실리기도 한다.

파이를 소수점 이하 20자리까지 적으면 3.14159292035398230088이다. 파이 값은 소수점 이하에서 일정한 규칙 없이 임의로 계속된다. 즉 소수점 아래에서는 아무런 규칙 없이 숫자들이 전개된다는 말이다. 이 속에서 어떤 규칙을 발견하기 위한 많은 노력이 있었지만 모두 실패했다. 그런데 이런 불규칙성 속에서 가끔 같은 숫자들이 잇달아 나와 사람들을 놀라게 만든다. 예를 들어 소수점 이하 710,155 자리부터 3333333, 즉 3이 계속 7번이나 반복되어 나타나기도 하고, 4444444, 8888888, 1212121, 12345671 등의 숫자가 나오기도 한다. 어떤 사람들은 불규칙 속에서 나타나는 이러한 현상을 어떤 조화의 결과로 보고 이 숫자들이 주는 계시를 해석하려고 한다. 그러나 끝도 없이 반복되는 숫자 속에서 어떤 숫자가 연속 7번이나 나온다는 사실은 그저 우연일 뿐이다. 마치 주위에서 딸만 일곱 둔 가정을 보는 것과 다름없다.

파이의 예에서 알 수 있듯 끊임없는 반복 속에서 일어나는 놀랄 만한 우연의 일치는 자연스럽게 일어나는 사건일 뿐이다. 오로지 우연에 의해 일어난 현상에 작용한 것은 불가사의한 조화나 섭리가 아니라, 그저 우연이라는 변수뿐이다. 그렇게 많은 우연의 일치에 대해 세상은 어떤 직접적인 설명도 해주지 않는다. 그렇다고 해서 우연 이외의 근거와 힘을 가정하는 것은 일종의 심리적 착각이다. 정말로 불가사의한 우연의 일치가 있다면 그것은 바로 '우연의 일치가 우연히 모두 사라지는 것' 뿐이다.

04

포탄이 떨어진 자리에 몸을 숨겨라?

동전을 던져 계속 앞면이 나왔다면 다음에 뒷면 나올 확률이 2분의 1보다 높을까? 그렇다고 생각하는 것이 바로 '도박사의 오류'다. 동전은 이전에 어떤 면이 나왔는지 기억하지 못하는데, 도박사들은 동전이 그것들을 기억할 것이라고 기대하는지 다음에 뒷면 나올 확률이 2분의 1보다 높다고 판단한다. 도박사들의 기대와 관계없이 다음에 동전을 던져 앞면이 나올 확률은 변함없이 2분의 1이다. 이런 확률적 판단의 오류 사례를 두 가지만 살펴보겠다. 먼저 개인적인 수준에서는 이런 도박사의 오류가 수준 높은 도박사가 되기 위해 반드시 갖추어야 할 자질로 평가되기도 하는데, 다음 인용문이 좋은 예다.

"바카라 룸의 매니저는 준의 플레이를 눈여겨보았다. … 그런데 준의 플레이 시스템은 특이해서 얼른 파악되지 않았다. … 준은 앞판의 패를 따라가거나 피하는 것이 아니라 그들 사이를 적당히 오고가며 배팅하고 있었다. 대체로 두 번까지는 앞판의 패를 피하는 방식이었다. 더 특이한 것은 준의 배팅 시스템이었다. 같은 패가 세 번 이상 나오고 나면 다른 쪽의 패에 배팅하면서 액수를 몇 배 또는 스무 배로 갑자기 올리곤 했다. 바카라 룸의 매니저는 준이 운수나 바라는 뜨내기 도박꾼들과는 다르다는 것을 금방 알 수 있었다.[3]

'바카라'는 화투로 하는 '섰다'와 비슷한 종류의 도박이다. 다만 섰다와 다른 점이 있다면 '족보'가 없고 9가 가장 높은 끝수다. 게임은 두 패로 나눠 벌이는데, 도박사들은 판마다 자기가 걸고 싶은 쪽에 배팅한다. 이때 사람들은 자기만의 방법대로 패를 선택하며 대개는 앞판에서 이긴 패를 따라가거나 이긴 패를 피해가는(진 패를 선택하는) 방법 중 하나를 선택한다. 도박사마다 자기만의 패를 선택하는 주관이나 규칙이 있겠지만 각 판에서 어느 한쪽이 이길 확률은 이전 판의 승패와 관계없이 언제나 2분의 1이다. 그런데 이 소설의 주인공은 같은 패가 세 번 이상 나오면(즉 같은 패가 세 번 이상 연달아 이기면) 다음에는 다른 쪽 패에 배팅하면서 거는 돈의 액수를 몇 십 배로 올린다. 즉 다음번에는 다른 쪽 패가 이길 확률이 높다고 착각하는 것이다. 이것이 바로 전형적인 도박사의 오류다. 그런데 카지노에서 일하는 사람들은 그런 사람들을 실력 있는 도박꾼으로 평가

어느 지점에 폭탄이 떨어졌다는 사실이 또다시 그 지점에 폭탄이 떨어질 확률을
낮춰주지는 않는다. 그러나 이미 떨어진 폭탄자리에 몸을 숨기는 것이
더 안전하다고 생각하는 사람은 여전히 많다.

한다. 잘못된 판단을 하는 사람들을 실력 있는 도박꾼이라고 치켜세운다면 그 사람들이 카지노에서 돈을 더 많이 잃어줄 것이다.

국가적인 수준에서 도박사의 오류를 범한 사례를 보자. 이 얘기는 제1차 세계대전 중에 있었던 실화다. 병사들은 전쟁터에서 폭탄이 떨어져 생긴 구덩이, 즉 방금 폭탄이 떨어진 장소에 몸을 숨기라고 교육받았다. 그런 장소에 몸을 숨기는 것이 더 안전하다는 이유 때문이었는데, 같은 날 같은 장소에 두 번씩이나 폭탄이 떨어질 가능성은 거의 없다고 생각했던 것이다. 하지만 이것 역시 도박사의 오류와 유사한 오류다. 동전을 던져 앞면이 나왔다는 사실이 다시 동전을 던졌을 때 앞면이 나올 확률을 떨어뜨리지 않는다. 마찬가지로 어느 지점에 폭탄이 떨어졌다는 사실이 또다시 그 지점에 폭탄이 떨어질 확률을 낮춰주지는 않는다. 그러나 이미 떨어진 폭탄자리에 몸을 숨기는 것이 더 안전하다고 생각하는 사람은 여전히 많다. 이런 생각을 갖고 있는 사람들이 틀렸음을 증명해 보겠다.

항아리에 1에서 20까지의 숫자가 적힌 스무 개의 공이 있다고 하자. 그 항아리에서 숫자 7이 적힌 공을 꺼낼 확률은 20분의 1이다. 항아리에서 공을 두 번 꺼낸다고 할 때(한번 꺼낸 공은 다시 항아리에 넣는다고 가정함), 두 번 모두 7이 적힌 공을 꺼낼 확률은 20분의 1×20분의 1, 즉 400분의 1이다. 같은 공을 두 번 연속해서 꺼낼 확률은 한 번 꺼낼 확률보다 훨씬 낮다. 그런데 처음에 꺼낸 공이 7이라는 것을 알 때에는, 그 다음에도 7번 공을 꺼낼 확률은 여전히 20분의 1이다. 공을 꺼낼 확률도 포탄이 떨어질 확률이라고 생각하면 이해가 쉽다. 즉 두 번 연속해서 7번 공을 꺼낼 확률은 매우 낮다. 처음 꺼낸 공이 7이었더라도 두 번째에도 7이 적힌 공을 꺼낼 확률은 다른 숫자의 공을 꺼낼 확률과 같은 20분의 1이다.

여행을 자주 하는 어떤 사람이 비행기에서 폭탄이 터질 확률에 대해 걱정하고 있었다. 그는 이 확률을 측정해 보고 그것이 낮다는 것을 알았지만, 그가 안심할 정도로 낮지 않았다. 그래서 그는 항상 가방 안에 폭탄 하나를 넣어 가지고 여행한다고 한다. 그가 그렇게 행동하는 이유는 한 비행기 안에서 두 개의 폭탄이 터질 확률은 아주 낮을 것이라고 판단했기 때문이다. 그의 생각대로 한 비행기 안에서 두 개(어떤 테러리스트가 지닌 폭탄 1개와 자신이 갖고 있는 폭탄 1개)의 폭탄이 터질 확률은 한 개가 터질 확률보다 훨씬 낮다. 하지만 그가 하나의 폭탄을 비행기 안에 가지고 들어갔을 때와 무관하게 다른 사람의 폭탄이 비행기에서 터질 확률은 여전히 같다.

결론적으로 어떤 지점에 두 개의 폭탄이 연속해서 떨어질 확률은 매우 낮다. 하지만 그 자리에 다시 폭탄이 떨어질 확률은 다른 곳에 폭탄이 떨어질 확률과 여전히 같다.

05
노스트라다무스 예언의 적중률

예언가나 점쟁이에 대한 평가는 매우 후한 편인데, 이는 평가 방식에 문제가 있기 때문이다. 대개는 맞힌 사실만 뉴스거리가 되고 떠벌려진다. 세계적으로 유명한 예언자는 16세기에 살았던 노스트라다무스Nostradamus 다. 그는 제2차 세계대전, 케네디 암살 등 굵직굵직한 세기의 사건들을 예언했다 하여 더욱 유명해진 사람이다. 그러나 사람들은 노스트라다무스가 자신의 예언서 《세기Centuries》에서 3,000개가 넘는 예언을 했다는 사실은 염두에 두지 않는다. 예언의 정확성을 평가하려면 그의 모든 예언으로부터 무작위로 표본을 추출해 그 예언들이 얼마나 맞았는지 평가해야 한다. 예언의 정확성을 제대로 평가한다면 노스트라다무스의 예언은 보통 사람의 예언이 우연히 맞는 경우보다 못할지도 모른다. 어떤 역술인의 점占이 몇 %나 맞는지의 여부도 마찬가지다. 그가 보여준 모든 점에서 무작위 표본을 뽑아 얼마나 맞혔는지 검사해야 한다. 그러나 틀린 점을 찾아와 항의하는 사람이 없으니 틀린 표본을 구하기가 어렵다. 그러니 점쟁이마다 잘 맞힌다고 떠벌릴 수 있는 것이다.

노스트라다무스의 예언서는 운문韻文으로 씌어 있어 난해하다. 대부분 무슨 예언을 한 것인지 도통 이해할 수 없다. 그런데도 사람들은 예컨대 "히물리는 히틀러를 말한다"라는 식으로 잘도 해석한다. 예언의 특징은 항상 모호하고 아리송하게 표현된다는 점이다. 그래야 어떤 사건이 발생했을 때 모호한 예언을 아전인수 격으로 해석해 예언이 맞았다고 주장할 수 있다.

북한의 김일성이 사망했을 때 몇몇 역술가들이 그것을 미리 예언했다고 해서 한동안 화제가 된 적이 있다. 그러나 김일성의 죽음은 많은 잡지와 주간지(특히 신년호)에서 오랫동안 끊임없이 예언돼 왔다. 그리고 그런 예언들은 그가 사망하기 전까지 계속 틀려왔지만 누구도 틀렸다는 사실에 관심을 두지 않았다. 누구의 점이 틀렸다는 사실은 뉴스거리가 아니기 때문이다. 그러다가 결국 고령에다 심장병을 비롯한 여러 질병에 시달리던 김일성이 죽었는데, 그의 죽음을 예언하는 일은 태아의 성별을 맞히는 것보다도 쉬운 일이었다. 틀려도 그 사실을 확인하려는 사람조차 없는 우호적인(?) 상황에서는 더욱 그렇다. 단지 매년 그런 예언을 하는 것을 빼놓지 않는 사업적인 수완(?)만 있다면 유명해지는 것이다.

김일성의 죽음을 맞혔다는 점쟁이들에게 언론은 너도나도 김정일의 앞날을 물었고 점쟁이들은 각자 자신의 예언을 내놓았다. 그 예언들에 따르면, 지금쯤 김정일은 실각했어야 하는데, 아직 김정일은 자리에 남아 있다. 하지만 그들의 김정일에 관한 예언이 모두 빗나갔다는 사실은 마찬가지로 주목받지 못하고 있다. 김일성의 죽음을 정확하게 예언했다고 하여 유명해진 한 무속인이 쓴 책이 당시 화제가 된 적이 있다. 이 무속인은 '최영 장군과 돌아가신 전직 대통령 등의 계시'를 받아 몇 가지 예언을 한다고 주장했다. 최영 장군의 상품성(?)이 높아서인지 신들린 사람들마다 일단 최영 장군이 씌었다고 주장하는 모양이다. 이 무속인은 유명세 덕분에 2년 후까지 예약이 밀려 있었다고 하니 바야흐로 점쟁이도 스타 시대가 도래한 것 같다. 그런데 대기업의 임원들이나 유명한 연구소의 연구원들이 이 무속인의 경제상황 예측을 참고하라고 그의 책을 읽도록 권유받았다는 기사를 신문에서 읽고 너무나 놀란 적이 있다. 예측할 수 없는 앞날에 대해 나약해지고 비논리적일 수밖에 없는 것이 사람이지만, 그래도 이 시대를 이끌어가는 엘리트 그룹에 속한 사람들이 이 책을 구하려고 소동을 벌였다는 사실에서 연민을 느꼈다. 선진국 진입의 문턱에 와 있다고 자랑하는 나라가 큰 사건, 경제예측, 정치체제 등을 논할 때 몇몇 점쟁이의 예언을 참고한다는 사실은 부끄러운 일이다. 더욱이 신문이나 방송에서 이들을 앞 다퉈 소개하는 것은 스스로를 3류 주간지 정도의 수준으로 낮추는 행동이다. 파울로스 John A Paulos 교수는 이런 현상을 다음과 같이 빗대어 표현했다.

"유명한 실험자 반 둠홀츠 Van Domholtz 는 벼룩이 가득 들어 있는 병에서 벼룩을 조심스럽게 한 마리 꺼냈다. 그리고 살짝 그 벼룩의 뒷다리를 잘라낸

예언의 정확성을 평가하려면 그의 모든 예언으로부터

무작위로 표본을 추출해 그 예언들이 얼마나 맞았는지 평가해야 한다.

예언의 정확성을 제대로 평가한다면 노스트라다무스의 예언은

보통 사람의 예언이 우연히 맞는 경우보다 못할지도 모른다.

뒤 큰 소리로 벼룩에게 뛰라고 명령한다. 그는 벼룩이 움직이지 않았다는 사실을 기록하고는 똑같은 실험을 다른 벼룩에 실시했다. 모든 벼룩에 대해 실험을 마치고 나서 그 결과를 통계적으로 분석한 그는 '벼룩의 귀는 뒷다리에 있다'는 결론을 자신만만하게 내린다. 물론 어리석은 결론이다. 그러나 이런 주장도 선입견으로 가득 찬 사람들에게는 상당한 영향력을 발휘한다. 이러한 결론을 받아들이는 것과 3500년 전에 죽은 사람의 계시를 받아서 예언한다고 주장하는 사람의 말을 믿는 것 중 과연 어느 것이 더 어리석을까?"

삼풍백화점이 붕괴됐을 때 참사 현장에서 이스라엘 초능력 소년의 영감을 받았다는 수십 명의 자칭 도사들이 생존자 위치를 알려주겠다고 난리법석을 떨었고 이런 사실이 언론에 크게 보도된 적이 있다. 이런 장면을 보고 어느 현장 구조대원은 "아무렇게나 떠벌려대고 자신들이 점찍은 곳에서 생존자가 나왔다고 선전하겠다는 것 아닙니까"라고 말했다고 한다. 그렇듯 많은 영감이 넘치는 사람 가운데 불행한 사고를 미리 예방하라는 영감을 받은 사람이 왜 없었는지 의아할 정도다. 현장 구조대원의 말은 다음과 같은 한 역술인의 광고처럼 곧 사실이 되었다.

"삼풍백화점 붕괴 및 생존자 위치 예언, 김일성 사망 예언, 고베 대지진 예언, 여소야대 예언, 삼풍백화점 사고 현장에서 초능력의 세계 1인자 '오렌' 군과 맞대결해 박승현양의 생환기적을 족집게처럼 맞혀 예언 철학자의 역할을 보여주신 △△△ 선생이 제공하는 운명철학…"

06
코가 큰 사람은 그것도 크다?

사람들은 이것과 저것이 '관계가 있다', 또는 '관계가 없다' 라는 표현을 자주 쓴다. 어떤 것들끼리의 관계를 통계적으로는 상관관계로 나타낸다. 상관관계는 어떤 변수가 증가할 때 다른 변수가 함께 증가 또는 감소하는지를 관찰해 파악한다. 예를 들어 체중과 신장 사이에는 양의 상관관계가 있다고 할 수 있다. 키가 크면 대체적으로 체중이 증가한다는 의미다. 어떤 상품의 가격과 수요 사이에는 음의 상관관계가 있다. 가격이 오르면 대개 그 상품에 대한 수요가 줄어든다. 이러한 상관관계가 얼마나 밀접한가는 상관계수로 표시하는데, 상관계수는 −1에서 1 사이의 값을 갖는다. 상관계수가 음수이면 음의 상관을, 반대로 양수이면 양의 상관을 갖는다. 상관계수가 0이라는 것은 서로 관계가 전혀 없음을 의미한다. 좀더 구체적으로 말하면 상관계수는 선형線形 : linear 상관만을 측정하므로 상관계수가 0이라는 말은 선형관계가 존재하지 않는다는 의미다. 꽤 오래 전부터 사람들은 상관관계 개념을 이해하고 생활에 적용해 왔던 것 같다. 그 중에서도 주로 여러 가지 현상들을 설명하기 위한 하나의 방법으로 그것을 그 전에 일어났던 다른 사건들과 관련지어 생각해 왔다. 그렇게 함으로써 좋은 일이나 나쁜 일에 대한 징조를 미리 알고 대처하려 했을 것이다. 소크라테스는 재채기를 자신의 악처惡妻가 발작하는 조짐으로 믿었다는데, 아내의 재채기 소리가 나기 무섭게 집에서 빠져나갔다고 한다.

특정 개인으로부터 시작된 조짐이 다른 사람에게도 유사한 모습으로 반복되면 모든 사람에게 해당되는 징조로 발전된다. 거울이 깨지면 나쁜 일이 일어난다든가, 상여가 지나가는 것을 보면 좋은 일이 일어난다든가 등의 믿음이 대표적인 예다. 더욱이 이러한 상관관계에 대한 추측이 더 많은 데이터를 근거로 판단되어지고 세련된 체계를 갖추게 된 것도 있다. 별들의 움직임과 세상의 일을 관련짓는 점성술, 골상骨相, 수상手相, 관상觀相, 족상足相 등이 그 예다. 문외한이기는 하지만 내 생각으로는 이러한 체계 중에서 《주역周易》은 출생의 사주四柱가 동양사상의 근본이 되는 음양陰陽 이론과 접목되어 가장 세련된 체계를 갖춘 경지에 오른 것이 아닐까 싶다.

오늘날에도 사람들은 상관관계에 기초한 판단에 영향을 받는다. 자동차보험의 예를 들겠다. 운전자가 자동차보험에 가입하려면 먼저 여러 가지 정보를 제공해야 한다. 그 중에서도 나이와 성별은 보험료 산정에 필요한 중요한 기준이 된다. 나이가 25세 미만이면 보험료가 올라가고, 운전자가 여자라면 보험료가 낮아진다. 왜일까? 나이와 성별이 사고율과 상관관계가 있기 때문이다. 즉 나이가 젊을수록 사고율이 높고 여자는 남자에 비해 사고를 덜 내기 때문이다.

대학입시에서는 수학능력시험, 내신성적, 본고사성적 등이 함께 고려된다. 과연 어떤 성적이 학생의 학력을 잘 나타내는 성적인가 하는 문제는 이러한 성적과 입학 후 학생들의 성적과의 상관관계로 분석된다. 최근 한 대학교의 학생을 대상으로 조사한 연구에 따르면, 수학능력시험이 대학에서의 성적과 상관관계가 가장 높게 나타났다고 한다. 다른 대학의 자료에서도 유사한 결과가 나온다면 굳이 본고사가 필요 없다는 주장의 근거가 될 수 있다.

발이 큰 사람들은 종종 도둑놈 발을 가졌다는 소리를 듣는다. 도둑 중에는 발 큰 사람이 많았다는 말이다. '코가 큰 사람은 그것도 크다' 라는 말도 있다. 이런 상관관계는 물론 구체적인 자료로 입증되지 않은 우스갯소리에 불과할 수도 있고 오랫동안의 경험적 근거에 바탕한 상관관계일 수도 있다. 그러나 발이 크니까 도둑이 될 것이라든가, 코가 크니까 그것이 클 것이라든가 하는 말을 심각하게 받아들이는 사람은 없을 것이다.

관상에서 나온 말이지만 거의 상식이 되다시피 한 "인중人中이 길면 오래 산다"는 말이 있다. 인중이란 코와 윗입술 사이의 오목한 부분을 말한다. 이 말을 어떻게 해석할 수 있을까? '오래 사는 사람 중 인중이 긴 사람이 많다'고 해석하면 단순히 둘 사이에 상관관계가 있다는 것을 인정하는 것이다. 그러나 '인중이 긴 사람은 오래 산다'고 해석한다면 둘 사이의 인과관계를 어느 정도 가정하고 있는 것이다. 그러면 정말로 상관관계가 원인과 결과의 관계를 나타내는 것일까? 상관관계를 분석하는 것들은 어떤 것들의 사이가 밀접하다는 것만을 나타내며 그 관계는 어느 것이 원인이고 어느 것이 결과인지 아무런 증거도 제공하지 않는다. 문제는 상관관계를 제대로 이해하지 못하는 사람들이 종종 상관관계가 인과관계를 나타낸다고 가정하는 데 있다. 즉 상관이 있으면 그 중 하나가 원인이 되고 다른 것은 그 원인으로 인해 생기는 결과라고 그릇된 해석을 하는 것이다.

두 개의 변수들은 상관관계를 갖지만 그것은 우연일 뿐 서로 인과관계가 없는 경우가 많다. 또한 인과관계가 있더라도 다른 변수들이 그 사이에 존재할 수도 있다. 인과관계는 매우 복잡한 개념으로 학자들의 견해도 다양하게 변화되어 왔다. 그 중에서도 철학자 밀John S Mill은 인과관계가 성립할 수 있는 조건으로 다음과 같은 세 가지를 제시했다(Cook, Thomas D. and Donald T. Campbell, *Quasi-Experimentation, Boston* : Houghton Mifflin Co. 1979, 18쪽).

첫째, 원인은 결과보다 시간적으로 앞서야 한다.

둘째, 원인과 결과는 서로 관련 있어야 한다.

셋째, 결과는 원인이 되는 변수만으로 설명되어야 하고 다른 변수에 의한 설명은 제거되어야 한다.

그러나 많은 사람들은 이 중 한 가지 조건만 만족되어도 인과관계를 가정한다.

작은 언덕과 작은 언덕, 그리고 낮은 산과 낮은 산들을 앞에 거느린 채 그 세모꼴의 머리로 하늘을 떠받치고 선 건지산은 언제 보아도 모습이 의젓했다. … 밤이면 어른들이 거기 모여 불장난을 한다. 어떤 때는 훤한 대낮에도 산봉우리에서 모개모개 연기가 피어오르는 걸 볼 수 있다. … 봉홧불과 무수한 살상과의 상관관계를 나는 미처 깨닫지 못했다. 왜 건지산에서 불길이 오르고 난 다음이면 꼭 읍내에서 시가전이 벌어지고 꼭 어느 고을 어떤 동네가 쑥대밭이 되어야만 하는가를 이해할 수가 없었다.[4]

그러나 이러한 조건들이 만족되었다는 것은 인과관계를 추론하는 데에 합리적 근거가 될 수는 있으나 인과관계의 존재가 입증되었다고는 할 수 없다.

07
치마 길이와 경기의 상관관계

상관관계는 그냥 우연의 일치인 경우가 많다. 아무렇게나 고른 두 변수를 조사했을 때, 두 변수가 전혀 관계가 없는 경우보다는 우연히 상관관계를 보이는 경우를 흔히 볼 수 있다. 물론 여기서 언급되는 상관관계는 모두 통계적으로 유의미한significant 상관관계를 말한다. 담배 소비량, 피부암 환자 수, 청소원의 월급, 단층촬영기계의 수, 의치 생산량, 대학생 총수 등. 놀랍게도 이들 변수 간에는 대부분 상관관계가 존재할 것이다. 그리고 이러한 상관관계는 대부분 우연에 의해서 얻어지는 상관일 뿐이다. 문제는 이처럼 우연적인 상관관계를 어떤 인과관계가 있는 것처럼 해석할 때에 생긴다. 인과관계를 잘못 판단한 가장 엉터리 주장의 예를 살펴보자.

미국의 어느 학자는 남자 아이들의 지능과 바지 길이 사이에 높은 상관관계가 있다는 것을 알아냈다. 그래서 그는 남자아이들의 지능을 높일 수 있는 손쉬운 방법으로 '바지 길이를 늘이는 것'이라는 제안을 했다.

숫자에 영 자신이 없는 수문맹일지라도 이 제안은 어딘가 이상하다는 느낌을 갖게 될 것이다.

미니스커트의 길이와 경기 상황과의 상관관계를 이용해서 그 해의 경기를 예측하는 경우가 있다. 미니스커트 길이가 무릎 위로 올라갈수록 경기가 좋아지고, 반대로 무릎 아래로 내려갈수록 경기가 나빠질 것이라고 예측한다. 더욱이 여기에다 그럴 듯한 이유까지 덧붙인다. 치마 길이는(또는 노출의 정도는) 여자들의 낙관적인 또는 비관적인 전망의 상대적인 정도를 나타낸다고 억측한다. 소비의 대부분은 여자들에 의해 결정되므로 여성들의 전망에 따라 경기의 방향이 결정된다는 것이다. 실제로 스커트의 길이와 경기지수 사이에 상관관계가 입증되었는지 확인할 수는 없으나 만일 상관이 있다 하더라도 우연히 관계가 있는 것일 뿐이다.

인과관계의 조건 중 하나는 '원인은 결과에 앞서서 발생한다' 는 것이다. 그러나 이것은 여러 조건 중 하나일 뿐이며, 이 조건을 만족시키더라도 인과관계가 있다고 단정 지을 수는 없다. 즉 A가 일어난 다음 B가 일어났다고 해서 A가 B의 원인이라고 결론짓는 것은 명백한 오류이며 이를 전후인과의 오류post hoc fallacy라고 한다. 벽에 나란히 걸려 있는 두 개의 시계 A, B가 있다고 하자. 시계 A가 시간을 알리는 종을 울리고 난 후 시계 B도 땡땡땡 종을 울렸다고 하자. 이때 시계 A가 원인이 되어서 시계 B가 종을 친다고 생각하는 것이 바로 이 오류다.

우리가 흔히 쓰는 표현 중에 '오비이락烏飛梨落', 즉 '까마귀 날자 배 떨어진다'라는 말이 있다. 까마귀가 날아간 후 우연히 배가 떨어졌을 뿐이지 까마귀가 원인이 되어서(배를 쪼아서) 배가 떨어진 것으로 생각하지 말라는 의미다. 이러한 경고에도 불구하고 전후인과의 오류는 종종 일어난다. '닭 모가지를 비틀어도 새벽은 온다'라는 말이 있다. 민주화를 위해 투쟁하던 사람들이 고난을 겪을 때 믿고 의지하며 구호처럼 사용하던 말이다. 닭이 운 다음에 새벽이 오니까 새벽이 오지 않게 하려고 닭 목을 비튼다면 전후인과의 오류를 범하는 것이다. 마찬가지로 민주화는 역사적 순리에 따라 이루어지게 되어 있으므로 민주화 투사를 탄압한다고 민주화를 막을 수 있는 것은 아니라는 의미다. 그러나 전후인과의 오류가 쉽게 두드러지지 않는 경우에는 이런 오류에 설득당하기 쉽다.

한 학자가 흡연하는 학생의 대학 성적이 비흡연 학생보다 나쁜가의 여부를 공들여 조사한 적이 있었다. 조사 결과 그렇다는 사실이 드러났다. 이 결과는 많은 사람들에게(특히 금연 운동가들) 흡연의 단점을 강조하는 데 중요한 근거로 활용됐다. '성적을 올리려면 담배를 끊어'라든가, 조금 과장해서 '담배는 지능을 저하시킨다'고 주장했다. 그렇다면 이런 주장을 어떻게 받아들여야 할까?

첫째, 이러한 상관관계를 별 의미가 없는, 그냥 우연한 것으로 해석할 수 있다.

미니 스커트의 길이와 경기 상황과의 상관관계를 이용해서

그 해의 경기를 예측하는 경우가 있다.

실제로 스커트의 길이와 경기지수 사이에 상관관계가 입증되었는지

확인할 수는 없으나 만일 상관이 있다 하더라도 우연히 관계가 있는 것일 뿐이다.

둘째, 상관관계가 우연한 것이 아니라면 인과관계를 추정하는 데 있어서 전후인과의 오류를 범했을 가능성도 있다. 흡연하기 때문에 성적이 나빠졌다는, 그래서 흡연이 성적 불량의 원인이라고 일방적으로 판단하는 것은 문제가 있다. 우선은 반대의 결론도 성립할 수 있다. 즉 성적 불량이 고민되어 흡연하게 되었을 수도 있다. 또한 상호작용의 가능성도 있다. 성적 불량이 흡연으로 이어지고 흡연은 다시 성적 불량으로 이어지는 상호작용을 생각해 볼 수 있다.

그 밖에 제3의 요인이 작용할지도 모른다. 예를 들어 사교적이며 외향적인 사람은 흡연할 확률이 더 높을 것이고 이런 사람들은 활동적인 것에 시간을 빼앗겨 공부에 소홀할 수도 있다. 상관관계가 있다고 할 때 흔히 생각하는 것과 반대 방향으로 인과관계가 작용할 수도 있다는 것을 알아야 한다.

한 스포츠 평론가가 칼럼을 통해 승률이 저조한 대학 미식축구팀은 감독을 너무 쉽게 해고한다고 주장했다. 그는 자신의 주장을 뒷받침하기 위해 감독을 자주 바꾼 대학은 한 사람이 오랫동안 감독한 대학보다 승률이 낮다는 통계 자료를 제시했다. 평론가의 논리가 과연 맞는 것일까? 감독을 자주 바꾸는 것이 팀 패배의 원인이 될 수는 없다. 원인과 결과는 반대인 것이다. 즉 팀이 계속 지면 그 다음에 감독을 갈아 치우게 되므로 감독의 해고는 연패連敗의 결과를 불러온다.

원인과 결과가 사람들의 생각과는 반대 방향으로 작용하지만 그것이 쉽게 드러나지 않는 경우도 있다. 미국 통계를 보면 대학 졸업 여부와 소득과는 상관관계가 높은 것으로 입증되어 있다. 물론 예외는 수없이 많으나 이 상관관계는 명백한 것처럼 보인다. 이 상관관계로부터 사람들은 대학을 나온 사람이 소득이 높은 이유가 대학을 나왔기 때문이라고 생각한다. 과연 그럴까? 이와는 반대로 소득이 높기 때문에 대학을 나왔다고 해석할 수도 있을 것이다. 이를 입증해 주는 사실이 있다.

미국에서 대학에 가는 학생은 두 종류가 있다고 한다. 머리가 좋은 학생과 집안이 부유한 학생이다. 머리가 좋은 학생은 대학에 진학하지 않더라도 높은 소득을 올릴 수 있는 능력이 있을 것이다. 가정이 부유한 학생의 경우에는 대학에 가건 말건 어차피 고소득층에 낄 것이다.

승용차가 한 대 있는 가정에서 차를 한 대 더 구입한다고 하자. 상식적으로는 차량당 주행 거리가 줄어들 것이라고 생각하기 쉽다. 그러나 실제로는 그렇지 않다. 미국의 통계를 보면 가정의 자동차 보유 대수가 늘어나면 차량당 평균 주행거리 역시 증가하는 것으로 나타났다. 사람들은 이 상관관계를 '차량 보유 대수가 늘어날수록 차를 몰려는 마음이 더 생긴다'라고 해석한다. 그러나 이와 반대로 인과관계를 해석하는 것이 자연스러울 것이다. 즉 운전을 많이 하는 가정에서 차의 필요성을 느껴 차를 한 대 더 구입하는 것이다. 이처럼 바라보는 관점에 따라 세상은 A라는 해답을 주기도 하고, B라는 전혀 상반된 해답을 주기도 한다는 사실을 잊지 말자.

08
상관관계 vs. 인과관계

상관관계가 있지만 어느 것이 원인이고 어느 것이 결과인지 명백하지 않을 때가 있다. 원인과 결과가 시간에 따라 뒤바뀌기도 하고, 양쪽이 동시에 원인이면서 결과일 수도 있는 것이다.

광고와 매출액 사이에도 상관관계가 있다. 흔히 사람들은 광고를 많이 하면 매출액이 증가한다고 생각한다. 그러나 두 변수는 서로 상호작용을 해 원인도 되고 결과도 된다고 해석하는 것이 더 현실에 가깝다. 즉 광고 매출액을 늘리면 상품 매출액이 증가해 광고비를 더 지출할 수 있는 여유가 생겨 광고를 더 하게 된다. 광고를 더 하면 매출액도 다시 늘어나는 것이다. 즉 초기에는 광고가 매출액 증가의 원인일 수 있지만 나중에는 매출액 증가가 광고 증가의 원인이 되는 것이다.

개인소득과 개인이 보유한 주식 수와는 상관관계가 있다. 이 상관관계도 서로 원인과 결과가 상호작용하는 것으로 해석해야 한다. 즉 소득이 많을수록 주식을 많이 사게 되지만 주식을 많이 사면 다시 배당 등으로 소득이 늘어날 것이다. 이런 상호작용이 연속적으로 일어나므로 소득이나 주식보유 수는 모두 원인도 되고 결과도 되는 것이다.

남태평양에 있는 뉴 헤브리디스New Hebrides 섬 주민들은 몸의 이가 건강의 원인이라고 믿고, 건강하려면 이를 몸에 많이 지녀야 한다고 생각했다. 건강한 사람에게는 이가 있지만 환자에게는 이가 없는 경우가 많다는 과거 수세기에 걸친 경험과 관찰을 토대로 이런 결론을 내린 것이다. 그러나 나중에 판명된 바에 따르면, 이 섬에는 이가 득실거려 대부분의 사람들 몸에 이가 있었다. 그러나 이가 옮기는 열병에 걸리게 되면 체온이 올라가서 이가 살기 어려운 조건이 되므로 환자의 몸에서 이가 달아나는 것이었다. 즉 건강하면 이가 꼬이고, 이는 열병을 옮기고, 열병은 이를 쫓아내고, 이가 없어지면 열병이 낫고, 건강해지면 다시 이가 꼬이는 순환을 반복하는 것이므로 원인과 결과가 뒤죽박죽으로 뒤엉키는 것이다. 이 섬의 주민들처럼 불충분한 정보를 갖고 잘못된 인과관계를 추정하는 일이 우리 생활 속에서 종종 일어난다. 심지어 전문성이 있는 학술연구에서도 비슷한 일이 벌어진다. 명확한 상관관계가 존재하더라도 인과관계를 추정하는 것은 결코 쉽지 않은 일이다.

두 변수 사이에 상관관계가 있더라도 원인이 다른 곳에 있는 경우도 있다. 이런 경우에는 상관관계로부터 상식과 동떨어진 원인 추정을 하기 쉽다. 실제로는 다른 요인이 원인이 되고 상관이 있는 두 변수는 단지 결과로 나타나는 현상일 뿐이다. 예컨대 교회 수가 늘면 범죄 발생률이 증가한다. 그렇다면 교회가 범죄 증가의 원인이 된다는 말인가? 진짜 원인은 인구 증가에 있다. 인구가 늘면 교회도 많아지고 범죄도 증가하는 것이다.

라인 강변에 자리한 프랑스 도시 스트라스부르그Strasburg에서는 황새의 둥지 수와 출생률 사이의 상관관계가 높은 것으로 나타났다. 그렇다고 이 상관관계가 '황새가 어린아이를 물어온다' 는 옛 전설을 뒷받침해 주지는 않는다. 인구가 증가하면 출생률도 덩달아 높아지고, 또 주택이 증가하므로 황새가 둥지 틀 곳이 많아지는 것뿐이다.

미국 매사추세츠 주의 장로교 목사 월급과 쿠바 하바나의 럼rum주 가격 사이에는 높은 상관관계가 있지만 목사들이 술 무역을 통해 돈을 번다고 생각한다면 어리석은 일이다. 세월의 흐름에 따라 거의 모든 물가와 월급이 올라가게 마련이다.

우리나라의 냉장고 보급률과 위암환자 수도 큰 상관관계가 있다. 그렇다고 냉장고에서 보관된 음식을 먹는 것이 위암의 원인이 된다고 생각한다면 역시 어리석은 일이다. 소득이 늘어남에 따라 냉장고 보급이 확대되고 평균 수명도 높아지며, 게다가 의료서비스가 확산되어 당국에 보고되는 위암환자 수는 증가하는 것이다. 즉 '시간의 흐름' 이라는 제3의 요인이 작용한 것이다.

한 의학논문에서 우유를 마시면 암에 걸릴 확률이 높아진다는 놀라운 결과가 발표된 적이 있다. 우유가 많이 생산, 소비되는 미국 동북부와 중부 남부의 여러 주, 그리고 스위스에서는 암이 놀랄 만큼 많이 발생하는데, 우유를 마시지 않는 스리랑카에서는 암이 거의 나타나지 않는다는 것이 논문의 근거자료였다. 또한 우유를 많이 마시는 영국 여자들이 거의 우유를 마시지 않는 일본 여자들보다 18배나 더 많이 암에 걸린다는 사실이 증거로 추가됐다. 그러나 조금만 파헤쳐보면 이런 결과는 다른 요인으로도 설명할 수 있음을 알 수 있다. 암은 중년 이후에 걸리기 쉬운 병이다. 그런데 처음에 예를 든 미국의 여러 주나 스위스는 평균 수명이 길어 노년층이 많은 공통점이 있다. 또한 조사 당시 영국 여성들의 평균 수명은 일본 여자들보다 12년이나 길었다. 평균 수명이 길다 보니 암에 걸리는 사람 수가 많아지는 것이다.

상관관계가 인과관계를 명백히 나타내는 경우에도 그것을 해석할 때는 주의해야 한다. 흡연자들이 비흡연자들에 비해 폐암에 걸릴 확률이 높은 건 사실이다. 즉 흡연이 폐암을 유발할 가능성이 높다. 그러나 문제는 이런 사실을 너무 단순화해 성급하게 일반화하는 것이다. 다시 말하면 흡연이 폐암 발생의 유일한 원인인 것처럼 해석해서는 안 된다. 폐암환자 중에는 흡연을 전혀 하지 않는 사람이 15%나 된다는 사실에 비춰볼 때 폐암에는 여러 가지 다른 중요한 원인이 영향을 미칠 수도 있다.

미국 암협회 대변인이 "폐암으로 인한 사망률 감소는 담배 소비 감소와 관계가 있다"고 발표한 적이 있다. 그는 금연이 폐암으로 인한 사망감소의 유일한 원인인 것처럼 말한다. 그러나 사실은 담배 소비 감소 외에 다른 중요한 원인들이 폐암으로 인한 사망 감소에 작용한 것이다. 공장의 공기오염물질 배출 규제, 자동차 배기가스 규제, 공기여과기를 이용한 공기정화, 건강에 대한 높아진 관심과 정기적인 건강진단으로 폐암 조기 발견, 폐암 치료방법 발달 등도 폐암 사망률을 줄이는 데 한 몫 담당했다고 볼 수 있다.

성급한 단순화의 오류 중에서 가장 대표적인 것은 '사용 전'과 '사용 후'의 사진을 보여주는 광고일 것이다. 신문이나 잡지에 흔히 등장하는 비만치료 광고에는 사용 전의 뚱뚱한 모습과 사용 후의 날씬한 모습이 확연한 차이를 드러내며 사람들을 유혹한다. 물론 두 사진의 인물이 동일한 사람인지 여부는 확인하기도 어렵고 대부분의 경우 사용 전 사진은 흐리게 나온다. 또한 이런 변화의 유일한 원인이 바로 특정한 치료제(치료방법)라고 주장한다. 사진에 등장한 사람이 이 치료제 외에도 살을 빼기 위해 동시에 행했던 여러 가지 노력(식사조절, 운동 등)의 공功까지 모두 특정 치료제(치료방법)가 차지한다. 이러한 주장은 광고뿐 아니라 정치인의 주장이나 사람들 사이의 대화 속에서도 흔히 나타나므로 그것을 있는 그대로 받아들이지 않도록 주의해야 한다.

09
오사카 사람들은 성격이 급하다?

생물학자들은 종종 연못 속에 사는 물고기 수나 들판에 사는 쥐들의 수가 몇 마리라고 추정한다. 그들이 발표하는 숫자에 많은 사람들이 황당하다고 생각할지도 모르지만 실제로는 표본조사를 바탕으로 산정한 매우 신뢰할 만한 추정치다. 그렇다면 생물학자들은 어떤 근거로 추정치를 발표할까? 연못 속의 물고기를 예로 들자. 우선 연못에서 100마리의 물고기를 표본으로 잡는다. 물고기 지느러미에 작은 인식표를 붙이고 다시 연못 속에 놓아준다. 한 달 후 다시 100마리의 물고기를 표본으로 잡는다. 새로 잡은 100마리 중에서 지느러미에 인식표가 달려 있는 물고기가 몇 마리인지 센다. 예를 들어 인식표를 단 물고기가 3마리라고 하자. 그렇다면 전에 인식표를 달아준 100마리의 물고기가 호수

안 전체 물고기의 3%라고 추정할 수 있다. 따라서 전체 물고기 수는 (100/3)×100으로 계산해 약 3,300마리가 된다.

추정치를 더욱 정확하게 파악하기 위해서는 표본 물고기를 잡을 때 여러 가지 서식 환경을 고려해야 한다. 큰 호수나 벌판의 물고기, 쥐들은 특정 지역에 집중적으로 서식할 수도 있기 때문이다. 물론 추정의 오차도 고려돼야 한다. 하지만 이러한 접근과는 반대로 개인적인 생각이나 경험이 편의표본에 의한 조사 결과와 합쳐져 그럴듯한 연구 결과로 제시되는 경우도 많다. 이런 경우 특히 주의하지 않으면 그 비약된 결론에 쉽게 빠질 수 있다. 아래 인용문에 나타난 저자의 주장이 과연 설득력이 있는지 생각해 보자.

"일본에서 도쿄와 오사카 두 도시를 대상으로 이런 조사를 한 적이 있다. 조사자는 차를 타고 사거리나 횡단보도에서 빨간 불을 만나 기다린다. 조금 후 신호등은 파란 불로 바뀐다. 그러나 조사자는 차를 출발시키지 않고 대신 신호등이 바뀌는 그 순간 초시계 작동 스위치를 누른다. 잠시 후 뒤에서 경적이 울린다. 신호가 떨어졌는데도 움직이지 않는 조사자의 차를 향해 뒤에서 기다리던 차가 경적을 누른 것이다. 바로 그때 초시계 정지 스위치를 누른다. 그런 식으로 여러 번 반복 조사해 평균치를 계산한다. 이 조사는 두 도시의 운전자들이 얼마나 조급한가를 비교해 알아본 것이었다. 도쿄가 약 4초인 반면 오사카는 2초였다. 도쿄 운전자들에 비해 오사카 운전자들이 두 배나 더 조급한 것이다. 이 조사는 도쿄와 오사카 두 도시로 대표되는 일본 관서지방과 관동지방 사람들의 사회·심리적 차이를 잘 보여준다. 더욱 재미있는 사실은 교통사고 발생률을 조사했더니 오사카가 도쿄보다 훨씬 높다고 한다. 여기서 교통사고의 주원인 가운데 하나가 운전자들의 서두르는 습관이라는 해석을 쉽게 이끌어낼 수 있다."[5]

조사 결과 오사카 사람들이 성질도 급하고, 그래서 교통사고를 많이 일으킨다고 결론 내리고 있다. 그러나 운전자들이 사거리에서 경적을 울리는 시간은 여러 가지 요인의 영향을 받는다. 예를 들어 붐비는 사거리에서는 빨리 빠져나가려고 조바심을 낼 수도 있으며(또는 그 반대로 아예 체념하고 여유를 부릴 수도 있다), 출근 시간대에는 마음이 더욱 조급해질 것이다. 따라서 두 도시를 비교하려면 혼잡도와 시간대가 비슷한 장소를 선정해 조사해야 한다. 두 도시를 여행하는 타지 사람이 조사 대상이 되었다면 그 차이를 지역 전체 사람들의 조급성과 관련지을 수 없다. 더욱이 운전자 개인 성격에 따라 경적을 울리는 시간의 차이가 있을 수 있으므로 표본 수(조사한 사거리 수)도 충분히 커야 한다. 본문에서는 여러 번 조사해 평균을 냈다고 했는데, 우리의 어감語感으로 여러 번이란 네다섯 번 정도를 말하므로 표본 수가 너무 적다. 평균에 대한 설명에서 언급했듯이 표본이 적은 경우에는 우연히 포함된 하나의 큰 수(또는 작은 수)에 의해 평균 크기가 영향을 받는다. 두 도시의 차이는 어느 한 개인의 조급성(또는 여유)에 의한 것일 수도 있다.

모든 조사는 객관성inter-subjectivity이 있어야 한다. 이 말은 다른 사람이 동일한 연구 절차를 밟아 동일한 조사를 했을 때에도 유사한 결과가 나와야 한다는 의미다. 객관성이 결여되었다면 조사할 때마다, 또는 조사자에 따라 다른 결과가 나올 것이며, 이 같은 조사에 대한 신빙성은 낮게 마련이다. 동일한 시기, 동일한 대상, 동일한 내용을 놓고 실시한 조사 결과가 납득하기 어려울 정도로 차이가 난다면 문제가 있다.

심지어 원하는 결과를 정해 놓고 이 결과가 나올 수 있는 여론조사를 수행하기도 한다. 이쯤 되면 여론조사는 여론조사與論調査 가 아니라 여론조사與論弔辭 가 된다.

설문조사에서는 표본 대상인 사람을 뽑는 것뿐 아니라, 뽑은 사람으로부터 어떤 방법으로 원하는 자료를 수집하는가가 문제가 된다. 자료수집 방법에는 세 가지 방법이 있는데, 우선 개별면접법personal interview 의 경우 면접원이 응답자를 직접 만나 필요한 정보를 얻는 것으로, 상세하고 다양한 내용의 질문을 할 수 있다는 측면에서 최선의 방법이다. 하지만 비용과 시간이 많이 든다. 우편조사mail survey 는 비용이 가장 적게 들고 복잡한 질문에 대한 응답도 얻어낼 수 있지만 응답률이 낮다. 전화조사telephone survey 는 짧은 시간 안에 적은 비용으로 비교적 양질의 자료를 얻을 수 있다는 장점이 있어 가장 많이 사용된다.

어느 방법을 선택하느냐는 소요시간과 비용, 질문의 양과 복잡도 등에 따라 달라진다. 수집자료 내용이 간단하다면 전화조사가 효과적이다. 그러나 조사 내용이 복잡하고 많다면 우편조사나 개별면접조사가 적격이다. 전화조사의 문제점 중 하나는 표본의 대표성이 떨어진다는 점이다.

두 도시를 비교하려면 혼잡도와 시간대가 비슷한 장소를 선정해 조사해야 한다.

두 도시를 여행하는 타지 사람이 조사 대상이 되었다면

그 차이를 지역 전체 사람들의 조급성과 관련지을 수 없다.

전화가 없는 가정이나 전화번호부에 등록되지 않은 가정은 제외되고, 업무상 전화와 연결될 수도 있으며 통화가 안 되기도 한다. 설령 통화가 되더라도 설문에 대한 응답을 거부하거나 끊어버리는 사람도 많다. 조사에서 응답률은 최소한 70% 이상, 즉 최초로 접촉한 사람의 70% 이상이 응답해야 최소한의 대표성이 유지되지만 대부분의 경우, 응답률이 얼마인지조차 밝히지 않는다. 발표하지 못하는 이유는 아마 응답률이 낮기 때문일 것이라고 생각한다. 열성적인 사람들은 대개 응답에 쉽게 동의한다. 따라서 응답률이 낮다는 것은 일부 열성적인 사람만을 대상으로 조사한 것이 되고 만다. 만약 응답률이 50% 이하라면 그 표본조사 결과를 가지고 모집단에 대해 추론하는 일은 무리라고 볼 수 있다.

CHAPTER 2

숫자를 이해하면 인생이 명쾌, 통쾌해진다

10

숫자, 좋아하세요?

영국의 비평가 웰스H. G Wells는 "언젠가는 통계적 사고력statistical thinking, 즉 숫자를 올바로 이해하는 능력이 쓰기나 읽기처럼 유능한 시민이 되기 위해 꼭 필요한 때가 올 것"이라고 예언했다. 오늘을 살고 있는 우리는 숫자를 만들어내느라 종일 분주히 일하고, 이렇게 생산된 수많은 숫자 속에 묻혀 그것들을 올바르게 이해하려고 애쓴다. 우리 삶의 많은 부분이 바야흐로 숫자를 위한, 숫자에 의한 행위들로 가득 차 있다고 볼 수 있다. 흔히 현대를 정보화 시대라고 말한다. 대부분의 정보는 결국 숫자로 요약되므로 현대를 '숫자정보 사회' 또는 '숫자화 사회'라고 표현하기도 한다. 따라서 웰스가 말한 것처럼 숫자를 올바로 이해할 수 있는 능력은 읽고 쓰는 능력 못지않게 현대사회에서 이미 기본적이고 필수적인 능력이 됐다. 그러나 문제는 많은 사람들이 이처럼 필수적인 능력을 갖추기는커녕 숫자를 대하는 일에 자신 없어 하는 경우가 많다는 것이다.

경제학자 새뮤얼슨의 말대로 우리 사회에서 개나 고양이, 금붕어를 좋아하는 것은 고상한 취미로 여기지만 숫자를 좋아한다고 말한다면 '약간 돈 사람' 취급을 받을 수도 있다. 초등학교에 입학한 이후 가장 많은 시간을 들여 공부하는 과목이 바로 수에 관한 것이다. 사람들과의 대화나 신문, 방송 등에서 매일매일 접하는 숫자에 대해 많은 사람들이 자신 없어 한다는 사실은 상당히 역설적이다. 무척 많은 시간을 들여 배우고, 또 늘 가까이 접하면서도 그것에 대해 두려움을 갖는 것으로는 아마 숫자가 유일할 것이다.

숫자와의 인연은 태어날 때부터 시작된다. 신생아로 태어나 제일 처음 받는 것은 이름이 아니라 3.6kg이라는 숫자다. 이 숫자는 한동안 꼬리표처럼 따라다니며 아기에 대한 사람들의 판단(정상아인지 우량아인지) 근거로 쓰인다. 자라면서는 학교에 입학하기 훨씬 전부터 속셈학원이다, 눈높이 수학이다 하는 것들에 등록해 숫자화 시대에 대비하기 시작한다. 유치원부터 고등학교까지는 다른 어떤 과목보다 수학을 많이 배운다. 칠판 가득 적힌 숫자나 기호를 노트에 베껴 쓰고 다양한 계산과 응용문제를 습관적으로 풀면서 숫자화 시대에 유능한 사람으로 적응하기 위한 지식체계를 쌓아간다. 학교 밖의 생활에서도 숫자화 경향이 깊숙이 침투해 있다. 사회 현상이나 추상적인 개념까지도 숫자로 표현돼 우리와 쉴새없이 마주

친다. 예컨대 사람의 지능은 IQ로, 경제 현상은 국내총생산GDP이나 물가지수, 주가지수 등으로, 날씨 변화에 따른 우리의 느낌은 불쾌지수로, 심지어 빨래 마르기가 적당한 날씨인지를 알리는 빨래지수까지 등장했다.

정치인의 인기도나 정부정책에 대한 여론조사 결과는 각종 매스컴을 통해 우리에게 경쟁적으로 제공되고 있다. '통계에 따르면' 또는 '최근 조사에 따르면'으로 시작되는 방송이나 신문 기사에 많은 사람들이 거의 무방비 상태로 노출되어 있다. 감상적으로 표현되어야 할 노래 가사나 제목들까지도 숫자가 사용된다. 〈그대를 만나는 곳 100미터 전〉, 〈99.9〉 등의 노래가 그것이다. 책 제목도 예외가 아니다. 심지어는 가장 시적詩的이어야 할 시詩에도 구체적인 숫자가 등장하기도 한다.

"오늘 아침 버스를 타는데, 뒤에서 두번째 오른쪽 좌석에 누군가 한 상 걸게 게워낸 자국이 질펀하게 깔려 있었다. 사람들은 거기에 서로 먼저 앉으려다 소스라치면서 달아났다. 거기에는 밥알 55%, 김치찌꺼기 15%, 콩나물 대가리 10%, 두부알갱이 7%, 달걀 프라이 노른자위 흰자위 5%, 고춧가루 5%, 기타 3% 順으로."[6]

사람들의 대화는 또 어떤가? "아파트는 몇 평짜리냐", "자동차는 몇 cc냐", "월급이 몇 퍼센트 올랐느냐" 등등 모든 것을 숫자화해서 말한다. 생텍쥐페리가 《어린 왕자》에서 한 말처럼 우리들은 이미 숫자에 길들여져 있다.

"어른들은 숫자를 좋아한다. 네가 어른들에게 새로 사귄 친구들을 이야기하면 그들은 네게 진짜 알갱이가 되는 것을 묻는 일이 없다. 어른들은 네게 '그 애 목소리가 어떻든? 그 애는 어떤 놀이를 좋아하지? 그 애는 나비를 수집하고 있니?' 라고 묻는 적이 한 번도 없다. 그들은 '그 애가 몇 살이지? 형제는 몇이냐? 몸무게는 얼마지? 그 애 아버지는 돈을 얼마나 버니?' 라고 묻는다. 그러고 나서야 비로소 그들은 그 애를 안다고 믿는다. 만일 네가 어른들에게 '난 지붕 위에 비둘기들이 놀고 창틀에는 장미꽃이 피어 있는 붉은 벽돌의 예쁜 집을 보았어' 라고 말하면, 그들은 그 집을 머릿속에 그려보지 못한다. 어른들에게는 '난 10만 프랑짜리 집을 보았어' 라고 말하는 편이 좋다. 그제야 그들은 '야, 근사한 집이구나' 라고 외친다."[7]

이런 현상은 직장에서도 마찬가지다. 야근까지 해가며 일한 결과는 몇 개의 숫자로 요약돼 사장에게 보고된다. 사장은 보고받은 숫자에 의한 판단을 바탕으로 새로운 숫자를 목표로 세워 지시한다. 따라서 회사원의 능력 평가와 승진은 개인이 달성한 숫자에 따라 크게 좌우된다 해도 무리가 아니다. 그러나 우리가 숫자를 좋아하고 숫자 속에 묻혀 지내고 있다는 사실이 우리가 숫자를 두려움 없이 제대로 이해하고 있다는 것을 뜻하지는 않는다. 고도화한 숫자화 사회에서 숫자에 대한 논리적·체계적인 사고능력이 절실하게 필요하다는 것은 두 말할 필요조차 없으며, 실제로 숫자를 올바로 이해하지 못한다면 주어진 정보를 제대로 평가할 수 없다. 또한 그로부터 올바른 판단이나 결정을 기대할 수도 없다. 현대에서 문맹이란 읽지 못하는 것이 아니라 숫자에 두려움을 갖고 손쉽게 다루지 못하는 사람을 의미한다. 파울로스John Paulos 교수는 이를 '수문맹'이라는 단어로 표현했다.

더욱이 미래의 정보화 사회는 숫자의 역할이 더욱 커질 것으로 예상되므로 수문맹을 극복하는 것, 즉 필요할 때 숫자로부터 올바른 판단을 끄집어내거나 이러한 숫자에 기초해서 현명한 의사결정을 내릴 수 있는 능력을 키워야 할 것이다.

11
숫자를 두려워하는 사람들

모든 것이 숫자로 표현, 요약되는 숫자정보 사회에서 많은 사람들이 숫자만 나오면 두려워한다. 사람들이 숫자에 주눅 드는 예는 화술에 관한 책을 보면 금방 알 수 있다. 화술에 관한 대부분의 책에는 '숫자를 써서 공격하라', '숫자의 권위를 이용하라'는 내용이 나온다. 상대방의 공박을 잠재우고 좀더 설득력 있는 테크닉을 구사하려면 숫자를 인용하라는 조언이다. 심지어 그 숫자가 정확하지 않을지라도 상대방은 대개의 경우 숫자에 자신이 없어 반박할 엄두조차 내지 못한다는 설명까지 덧붙이기도 한다. 다음의 인용문은 이 같은 경향을 잘 설명해준다.

"인간 현상도 양적인 언어로 풀이하면 뭔가 더 설득력 있게 다가온다. 그런 효과를 노려서인지 모르겠으나 유난히 숫자를 잘 암기하고 다니는 사람들이 있다. 그들은 공식적인 담론에서는 물론 일상적인 대화를 나눌 때에도 그 수치들을 즐겨 인용한다. 그의 이야기는 늘 어떤 객관적인 사실을 말하는 듯 여겨지고 그래서 항상 힘을 지닌다. 그의 주장을 반박하기는 쉽지 않다. 왜냐하면 그 정도로 다양한 자료를 자유자재로 인용할 수 없기 때문이다. 똑같은 사실을 말하면서도 통계수치를 동원하면 더 과학적이고 정확한 것처럼 들린다."[8]

초등학교부터 고등학교 때까지 다른 어떤 과목보다도 수에 관련된 것들을 많이 배워 왔으면서도 간단한 숫자에도 자신 없는 이유가 대체 무엇일까? 우선 숫자에 자신 없는 첫번째 이유는 전통적인 관습에서 찾을 수 있다. 연암燕巖 박지원朴趾源의 《양반전》에 따르면, "양반은 손으로 돈을 만지지 말며 쌀값을 묻지 않는다"고 했다. 상업을 천하게 여기는 사회 속에서 수리적인 지식은 양반이 갖춰야 할 교양에 들지 못했고 마을 서당에서도 수에 관한 지식은 일절 가르치지 않았다. 이렇게 숫자를 무시하는 관습은 현재까지 이어져 숫자를 따지는 사람은 쩨쩨한 사람이 되고 숫자를 다룰 때 실수하면 오히려 계산적이지 않은 사람이라는 것을 입증이나 한 듯이 떳떳해하는 경우도 있다.

숫자에 자신이 없는 두번째 이유는 수학교육이 적절하지 못하기 때문이라고 생각한다. 고등학교까지 수학 과목을 다른 어떤 것보다도 많이 배

윘으면서도 숫자 얘기만 나오면 많은 사람들이 깜깜해 한다는 사실이 이를 간접적으로 입증해 준다.

물론 수학적인 계산은 맞지 않으면 틀리는, 즉 약간의 융통성조차 없어 차가운 느낌을 준다. 따라서 동서양을 막론하고, 남녀노소를 가리지 않고 많은 사람들이 숫자에 자신감이 없다.

"숫자를 왼다든지 가령 집 주소, 전화번호 따위, 사람의 이름, 무슨 지명, 사무적인 것, 계산을 필요로 하는 것 등 깜깜절벽이 될 때가 많지요."[9]

"《이상한 나라의 앨리스》의 저자 루이스 캐롤은 덧셈addition, 뺄셈substraction, 곱셈multiplication, 나눗셈division을 야망ambition, 착란distraction, 추함uglification, 조롱derision에 비유했는데, 이러한 계산에 대한 혐오는 나를 포함해서 보통 사람들이 계산을 얼마나 지루하고 성가시며 스트레스가 쌓이게 하는 것인가를 잘 나타낸다."[10]

대부분 학생들은 수학시간에 칠판 가득한 숫자나 기호를 베껴 쓰고, 용어와 정의를 외운 뒤 기본 문제와 응용문제 풀이를 습관적으로 반복해 계산하고 답을 내는 데 익숙하다. 그러나 계산을 위한 훈련에 비해 계산 과정에 대한 이해, 그 결과로 나타나는 숫자를 올바로 해석하는 교육은 상대적으로 덜 강조되는 것 같다. 그 예로 미국으로 전학 간 한국의 고교생은 미국 수학선생님을 두 번 놀라게 한다고 한다. 처음에는 어려운 문제

숫자를 올바르게 이해한다는 것은 두려움 없이 숫자를 대하고

논리적으로 판단할 수 있을 때에 가능하다. 숫자는 거짓말을 하지 못한다.

단지 사람들이 숫자놀음을 할 뿐이다.

를 간단히 풀어내는 계산 실력에 놀라고, 그 다음에는 왜 그런 과정으로 풀어야 하는지를 논리적으로 전혀 이해하지 못하는 사실이 다시금 그들을 놀라게 한다는 것이다.

수학을 오랫동안 교육받고도 숫자에 영 자신이 없고, 숫자가 의미하는 속뜻을 정확하게 이해하지 못해 수문맹이 되는 원인은 무엇일까. 무엇보다 논리적 사고력을 키워주지 못하는 주입식 교육의 탓이 크다 할 것이다. 주입식 교육환경에서는 이런 일이 흔하다는 것을 다음 인용문을 통해 알 수 있다.

"자기 독창적인 생각이 없을수록 성적은 좋게 나올 수밖에 없다. 초등학교 류홍렬 선생님은 중학교에서 반에서 1, 2등 하는 자기 여동생이 도덕 시험 문제에 대해 이야기하는 것을 듣고 충격을 받았다고 한다. 어느 날 도덕 시험문제집을 보다가 대학을 졸업하고 직장생활을 하는 자기 입장에서 보아도 참 모호한 문제라고 생각되어 물어보았더니, 그 아이는 금방 교과서적인 정답을 찾아주었다. 그래서 다른 보기에 대한 타당성을 물었더니 이렇게 대답하더라는 것이었다. '몰라. 참고서에 그렇게 답으로 나와 있어. 도덕은 내 생각대로 하면 다 틀려, 다 외워서 답 쓰는 거야…'"[11]

매일 마주치는 수많은 숫자를 논리적·체계적으로 생각하고 올바르게 이해할 수 있는 능력을 갖는다는 것은 숫자정보 사회에서 누구에게나 필수적인 사항이 됐다. 숫자를 올바르게 이해한다는 것은 두려움 없이 숫자를 대하고 논리적으로 판단할 수 있을 때에 가능하다. 숫자는 거짓말을 하지 못한다. 단지 사람들이 숫자놀음을 할 뿐이다. 사람들은 숫자나 통계의 잘못된 사용이나 고의적인 왜곡을 행하기도 한다. 우리가 숫자에 자연스럽게 다가갈 때 숫자나 통계의 잘못된 사용을 막고 숫자정보 사회 속에서 숫자의 신뢰성과 유용성을 높일 수 있을 것이다.

12
노벨상 수상자를 이긴
부인의 판단

사람들은 꽤 오래 전부터 확률이란 개념에 익숙해 있었던 것 같다. 문헌상으로 보면 기원전 약 300년경에 아리스토텔레스는 "가능성이 높은 일은 항상 일어난다. 그리고 일어날 것 같지 않은 일들도 가끔씩 일어난다"라고 말했다. 또한 기원전 약 60년경에 키케로는 확률을 '생활의 길잡이guide of life'로 표현하기도 했다. 3세기경 고대 로마에는 이미 보험이란 것이 있었고 울피아누스Ulpianus는 평균 수명표를 작성했다. 이런 사실들에서 알 수 있듯이 사람들은 오래 전부터 합리적인 행동을 하는 데 있어 확률을 올바로 이해하는 것이 중요하다는 것을 인식했다.

현대인에게 주어지는 수많은 숫자정보 중에서 확률은 적지 않은 비중을 차지한다. 일기예보, 어떤 특정한 병에 걸릴 확률, 각종 사고(번개, 자동차, 다리붕괴 등)를 당할 확률 등은 우리가 매일 대하는 정보들이다. 보험이나 복권, 카지노사업 등은 확률에 바탕을 두고 번성하고 있다. 친구나 가족들과 고스톱을 칠 때, 어떤 패를 먹어야 할 것인지, 어떤 패를 내야 할 것인지에 대해서 실랑이를 벌이는 경우가 있다. 이때 사람들은 자기만의 확률적인 판단을 근거로 어떤 특정한 패를 내야 된다고 우기는 것이다.

확률로 표시되는 정보를 제대로 이해하고 이를 바탕으로 합리적인 판단을 내리기 위해서는 확률 개념에 대한 올바른 이해가 필요하다. 확률은 0에서 1까지의 값을 갖는데, 그 값이 커질수록 일어날 가능성이 높아진다. 확률이 0이라는 것은 절대적으로 불가능하다는 것을 의미하는데, 예를 들어 사람이 헤엄을 쳐서 지구를 한 바퀴 돌 확률은 0이다. 확률이 1이라는 것은 반드시 일어난다는 의미로서 사람이 죽을 확률은 1이다. 그러나 "확률이 정확히 무엇인가?"라는 질문에 대한 대답은 결코 간단하지 않다. 확률을 명확히 정의하기 위한 많은 노력에도 불구하고 명확한 정의를 아직까지 내리지 못하고 있다.

일반적으로 확률의 개념은 확률을 이용하는 상황이나 관점에 따라 세 가지로 분류된다. 먼저 동전 던지기를 생각해 보자. 동전을 던질 때 앞면이 나올 확률은 얼마일까? 계산을 하지 않아도 2분의 1이라는 것을 알 수 있다. 정육면체의 주사위를 던질 때 3이라는 숫자가 나올 확률은 계산해 보지 않아도 6분의 1이다. 이처럼 미리 경험하기 전에 알 수 있는 확률을 선험적先驗的 확률개념(또는 고전적 확률개념)이라고 한다.

그러나 현실적으로 고전적 확률개념을 적용하기 곤란한 경우가 많다. 예를 들어 어느 공장에 앞으로 1년 동안에 화재가 발생할 확률, 어떤 지역의 소비자가 현대자동차를 구입할 확률, 20대 여성운전자가 자동차 사고를 낼 확률 등은 논리적 사고를 통한 확률을 계산할 수 없다. 이런 경우에는 경험적 확률개념을 적용해야 한다. 경험적 확률개념이란 오랜 기간에 걸쳐서 동일한 상황이나 조건 아래에서 어떤 사건이 일어나는 상대적인 비율로서 확률을 해석하는 것을 말한다(상대빈도개념으로서의 확률이라고도 한다). 조사한 자료(또는 실험)의 수가 많으면 많을수록 경험적 확률은 그 신뢰성이 높아진다.

경험적 확률의 예를 들겠다. 일기에 관한 속담 중에는 '햇무리나 달무리는 비가 올 징조'라는 말이 있다. 사람들은 아주 오래 전부터 하늘을 보고, 구름이나 바람, 빛을 관찰해 날씨를 예측해 왔다. 이 속담은 그런 오랜 경험 속에서 얻어진 것으로 햇무리나 달무리가 지면 비가 올 확률이 높다는 것을 의미한다. 기상학적으로도 햇무리와 달무리는 햇빛이나 달빛이 얼음결정으로 된 엷은 구름에 의해 반사되는 현상으로 이는 저기압이 다가오고 있음을 예고해 준다고 한다. 실제로 햇무리나 달무리가 졌을 때 70% 정도는 비가 온다고 알려져 있다.

관련된 자료가 없거나 부족할 경우에는 주관적인 확률을 적용할 수밖에 없다. 주관적 확률이란 한 개인이 어떤 사건이 일어날 것이라고 믿는 정도가 곧 그 사건의 확률이라는 견해다. 라플라스는 "인생에서 가장 중요한 문제들은 대부분 확률적 선택의 문제일 뿐이다"라고 말했는데 여기

사람들은 오래 전부터 합리적인 행동을 하는 데 있어

확률을 올바로 이해하는 것이 중요하다는 것을 인식했다.

현대인에게 주어지는 수많은 숫자정보 중에서 확률은 적지 않은 비중을 차지한다.

서 그가 말하는 확률은 주관적 확률이 대부분이다. 주관적 확률을 결정할 때는 사람마다 개인의 주관적 경험, 태도, 가치관, 성격 등이 다르므로 동일한 사건이라도 개인별로 그 확률이 달리 나타난다. 이 개념에 의해서 정의된 확률은 대상이 넓고 그 크기가 다양하므로 그 확률을 해석하는 일에 많은 주의를 기울여야 한다. 특히 중요한 결정을 내릴 때에는 그 결정으로 말미암아 일어날 수 있는 다양한 결과에 대해 주관적인 판단을 보태게 된다. 따라서 주관적 확률의 객관성과 정확성이 의사결정의 성공 여부를 좌우하는 것이다. 주관적 확률과 관계된 재미있는 실제의 예를 하나 소개하겠다.

1995년도 노벨 경제학상 수상자로 '합리적 기대' 이론을 주창한 미국 시카고 대학의 루카스Robert E. Lucas 교수가 선정되었다. 그런데 이 소식을 듣고 루카스 교수의 전前 부인인 리타Rita Lucas가 더 좋아했다고 한다. 왜냐하면 노벨상 상금 100만 달러 중에서 그 절반인 50만 달러(약 5억 원)를 그녀가 차지하게 되었기 때문이다. 두 사람은 1988년에 합의이혼했다. 이때 리타는 "루카스 교수가 노벨상을 타는 경우 부인이 그 상금의 50%를 차지할 권리를 가진다"는 조항을 이혼합의서에 삽입했다. 리타는 루카스 교수가 노벨상을 수상할 가능성(주관적 확률)을 높게 판단하여 이 조항을 넣은 것이다. 수상 가능성이 낮다고 판단해서인지 아니면 빨리 이혼하고 싶어서였는지 몰라도(당시 루카스는 같은 경제학 전공의 여교수와 열애 중이었다고 함) 하여튼 루카스 교수도 이 조항에 반대하지 않았다. 별 따기보다 어렵다는 노벨상의 수상 가능성에 대한 당대의 석학과 그 부인이 주관적 확률로 대결을 한판 벌인 것이다. 그 후 7년이 지난 1995년에 드디어 루카스 교수가 노벨 경제학상 수상자로 선정되었다. 리타의 '합리적 기대'에 바탕을 둔 주관적 확률이 루카스 교수의 것보다 더 정확했음이 입증된 셈이다. 남편은 합리적 기대 이론으로 노벨상을 받게 되었고, 부인은 합리적 기대 이론을 주관적 확률계산에 적용하여 상금의 반을 차지하게 되었으니 역시 그 남편에 그 마누라다. 이 실제 이야기는 해피 엔딩으로 끝났다. 루카스 교수가 신사답게 약속대로 상금을 전 부인과 나누었기 때문이다. 루카스 교수가 지기는 했으나 법(이혼계약)에 따른 전 부인의 '합리적 기대'를 어겼다면 그의 '합리적 기대' 이론에도 어울리지 않았을 것이다.

13
행복한 이기주의자의 평균 선택법

어느 고등학교 3학년 학생의 영어 성적이 있다고 하자. 이 성적에서 우리가 제일 먼저 관심을 갖는 것은 학생들의 영어 성적이 어떤 점수를 중심으로 모여 있느냐는 것이다.

평균은 데이터의 모여 있는 특성을 나타내는 대표값이다. 평균 소득, 평균 기온, 평균 키, 평균 강우량, 평균 가격 등과 같이 대부분의 데이터는 평균화돼 우리에게 주어진다. 그래서인지 사람들은 많은 숫자를 대할 때 우선 "평균이 얼마냐?"고 자연스럽게 묻는다.

이처럼 사람들이 평균에 익숙하기는 해도 평균이라는 용어에는 다양한 의미가 내포되어 있다는 사실을 모르는 경우가 많다. 문제는 평균에는 여러 가지 종류가 있고 경우에 따라 각 종류의 값이 다를 수 있다는 사실이다. 따라서 누구나 자기에게 유리한 평균값을 선택함으로써 얼마든지 자신의 주장을 번지르르하게 왜곡시킬 수 있다.

여러 종류의 평균 중에서 우리가 주로 사용하는 것은 산술 평균, 중앙값, 최빈수 세 가지다. 산술 평균은 가장 많이 쓰이는 개념으로 그냥 평균이라고 불리기도 한다. 산술 평균은 모든 자료의 값을 다 더해서 전체 수로 나눈 것이다.

간단한 예를 들어보자.

사례 A : 1 1 2 3 1 3 4

이 7개의 숫자들을 모두 더해서(15) 전체 수(7)로 나눈 (산술)평균은 2.1이며 이 값은 이 숫자들의 중심을 잘 나타내는 대표값이라 할 수 있다.

그러나 다음의 사례에서는 (산술)평균의 의미가 약해진다.

사례 B : 1 1 2 3 1 3 17

사례 B는 사례 A 중에서 하나의 숫자만 바뀐 것으로 다른 숫자에 비해 비정상적으로 큰 숫자인 17이 포함되어 있다.

(산술)평균은 4이며 이 값은 다른 숫자에 비해 상대적으로 큰 17의 영향으로 높아진 것이다. 이런 경우 (산술)평균 4는 전체 숫자의 중심을 나타내

는 대표값 역할을 하지 못한다. 상대적으로 큰 값에 영향을 받지 않는 중심의 측정치는 다음과 같은 두 가지 방법으로 구할 수 있다.

첫번째 방법은 숫자들을 작은 수부터 큰 수까지 순서대로 세운 뒤 가운데 위치하는 수, 즉 중앙값을 중심으로 하는 방법이다.

두번째는 가장 빈번하게 나타나는 값, 즉 최빈수를 중심으로 보는 것이다.

중앙값median은 문자 그대로 가운데에 위치한 수로서 숫자들을 크기 순서로 배열했을 때 정 가운데에 위치하는 값을 말한다. 따라서 숫자의 반은 중앙값보다 작은 값을 갖고 다른 반은 큰 값을 갖게 된다.

위의 사례 A, B에서 중앙값을 사용한 평균은 모두 2이며 숫자들의 중심을 나타내는 대표값으로 충분하다.

최빈수mode는 가장 흔하게 나타나는 수로서 위의 예에서 1이 가장 자주 나타나므로 최빈수를 사용한 평균은 1이 된다. 최빈수 1은 숫자들 중에서 대다수는 아니라도 가장 많이 일어나므로 중심의 대표값 역할을 하게 된다.

비유를 들면 3명의 대통령 후보 중에서 '가' 후보가 34%, '나' 후보가 33%, 그리고 '다' 후보가 33%를 득표했다고 한다면 과반수에는 미달하지만 34%를 얻은 '가' 후보가 당선되는데, 이는 최빈수가 대표값으로 충분하기 때문일 것이다.

어느 평균을 사용할지 고민할 필요가 없는 경우도 많다. 영어 성적, 몸무게, 키 등과 같은 수치들은 대부분 좌우 대칭 종 모양의 분포(정상분포 또는 정규분포라 함)를 한다. 이런 경우에는 (산술)평균, 중앙값, 최빈수가 모두 일치한다. 그러나 모든 분포가 종 모양을 이루지는 않으므로 평균의 종류에 따라 값이 다른 경우가 있다.

평균에 따라 값이 다르면 자기에게 유리한 평균값을 선택함으로써 얼마든지 자기 주장을 번지르르하게 할 수 있고 수문맹인 사람들은 대부분 그 주장에 속는다.

종 모양의 분포를 하지 않는 경우의 평균은 그것이 어떤 종류의 평균인지 알기 전에는 별 의미가 없다. 종모양의 분포를 하지 않는 것 중에서 대표적인 것이 소득이다. 소득의 가상적인 예를 들어보자.

강원도 소양호 주변의 어느 후미진 곳에 50가구가 사는 작은 마을이 있다. 그 마을의 이장과 복덕방 영감은 각기 상반된 주장을 하고 다닌다.

마을 이장 : "우리 마을의 가구당 평균 소득은 500만 원이다."
복덕방 영감 : "우리 마을의 가구당 평균 소득은 7000만 원이다."

이장은 마을이 가난하다고 말하고 복덕방 영감은 부자마을이라고 주장하는 전혀 상반된 내용이지만 문제는 누가 틀렸다고 지적할 수 없다는 데 있다. 양쪽 모두 동일한 가구 수와 가구별 소득을 기초로 하여 정당하게 계산해서 구한 평균이기 때문이다.

내용을 알아보면 50여 가구 중에서 25가구는 가난한 농가로 소득이 500만 원이고 나머지 24가구는 500만 원에서 2,000만 원 사이의 소득을 올리고 있다. 그런데 서울에서 물 좋고 공기 좋은 곳을 찾아 이 마을에 내려온 사업가는 연간 소득이 수십억 원에 달한다.

저소득농민 지원정책에 따른 각종 정부지원을 기대하는 마을 이장은 최빈수를 사용하여 평균이 500만 원밖에 안 되는 마을이라고 말하며 지원을 호소하는 것이다.

반면 복덕방 영감은 은퇴하여 물 좋고 공기 좋은 곳에 와서 살려는 서울 사람들을 유인하고자 산술 평균을 사용해서 평균 소득이 7,000만 원인 부자마을 휴양지라고 선전하는 것이다. 이처럼 똑같은 자료로부터 계산된 평균이 크게 다를 수 있다. 따라서 평균이면 그저 평균인 것으로 이해하는 많은 순진한(?) 사람들은 속기 쉬운 것이다.

실제로 노사문제를 겪고 있는 회사에서 사장이 주장하는 회사원들의 평균 임금이 매우 높은 반면, 노조측이 주장하는 평균 임금은 낮은 경우가 있다. 사장은 보수가 높은 관리자들을 포함한 산술 평균을 사용하고 노조측은 가장 많은 근로자들이 받는 봉급인 최빈수를 사용하기 때문이다.

종모양의 대칭적인 분포가 아닌 경우, 평균에 대한 해석을 할 때 가장 좋은 방법은 세 가지 평균을 서로 밀접하게 연관시켜 해석하는 것이다. 비유적으로 표현하면 방안을 조사하는 일에 평균은 문의 열쇠구멍과 같다고 볼 수 있다. 문의 열쇠구멍으로 방에 대해 알 수 있는 것은 일부분이다. 즉 여러 방문의 열쇠구멍으로 들여다본 결과를 종합할 때 방에 대해서 정확히 알 수 있다. 마찬가지로 평균이 서로 다를지라도 각 평균의 장점을 함께 해석하면 무리가 없을 것이다.

14
평균을 알아야 연봉을 더 받지

1994년 미국 프로야구는 선수들의 파업으로 월드시리즈가 취소되는 등 미국 프로야구 역사상 가장 긴(8개월) 싸움이 구단주와 선수노조 사이에 있었다. 다행히 다음 해 시즌 시작 전에 노조 측의 양보로 경기가 늦게나마 열렸으나, 미 프로야구는 한동안 인기 하락 등의 후유증을 겪어야만 했다. 구단주와 선수노조 간 힘겨루기 원인이 밥그릇 싸움에 있었기에 양쪽 모두 야구팬들의 비난을 받았다. 구단주와 노조는 파업기간 중에 팬들의 감정과 여론을 자신에게 유리한 방향으로 이끌기 위해 열띤 홍보전을 벌였다. 여론을 등에 업고자 하는 이 싸움에서 구단주들이 완승을 거두었다고 여겨지는데, 구단주들의 주장은 간단했다.

"평균 연봉이 120만 달러(12억 원)나 되는 선수들이 파업을 하다니"라고 주장함으로써 엄청난 소득을 올리는 선수들이 돈 욕심을 부린다는 팬들의 비난을 자연스럽게 유도하려고 했다.

그 의도는 큰 성공을 거두어 심지어는 열 살짜리 어린 야구팬이 '돈을 더 원하면(노조가 그렇게 탐욕스럽다면) 내 용돈을 가져가라Want more money? Take my allowance'고 쓴 피켓을 들고 야구장에서 항의시위를 벌이는 모습이 신문에 사진과 함께 크게 실려 팬들의 호응을 받기도 했다. 당시 선수노조 파업에 대한 미국 CBS 방송 여론조사에 따르면, 응답자의 43%가 구단주를, 22%가 선수들을 지지하는 것으로 나타나 노조측에 주로 비난의 화살이 쏠렸음을 알 수 있다. 그렇다면 노조는 "평균 연봉이 120만 달러나 되는 선수들이 파업을 한다"는 비난에 어떻게 대응해야 했을까? 그 해답은 평균에 대한 간단한 지식, 즉 여러 가지 평균의 종류 중에서 노조측에 유리한 평균을 사용해 다음처럼 항변했다면 어떤 결과가 나왔을까?

"고액연봉을 받는 소수의 스타 선수들이 있기는 해도 선수들의 평균 연봉은 30만 달러 정도다. 게다가 월 1,000달러 정도의(그것도 야구 시즌인 5개월 동안만 지불되는) 저임금에 혹사당하고 있는 마이너리그 선수들까지 합치면 선수들의 평균 연봉은 1만 달러 정도밖에 되지 않는다. 부상이나 성적 부진 등으로 선수의 평균 수명이 짧은 것을 감안하고 선수들이 영화나 TV의 스타들만큼 팬들에게 볼거리를 제공한다는 사실을 고려하면 구단주들이 선수들에게 돌아가는 몫을 줄이려는 것은 부당하다."

당시 700명 정도인 메이저리그 선수들의 평균(산술 평균) 연봉은 구단주들이 주장하는 대로 120만 달러였다. 그러나 그 내용을 살펴보면 500만 달러(약 50억 원) 이상을 받는 소수 고액연봉 선수들에서부터 10만 달러(1억 원) 정도의 최저임금을 받는 선수까지 다양한 분포를 보이고 있었다. 산술 평균은 120만 달러지만 중앙값은 그보다 훨씬 낮은 40만 달러였고 최빈수는 30만 달러 정도였다.

구단주들이 산술 평균을 사용한 의도는 짐작이 가지만 120만 달러는 중심을 나타내는 대표값으로 합당하지 않다. 중앙값(40만 달러)을 사용하는 것이 적절하지만, 노조 입장에서는 최빈수인 30만 달러가 유리할 것이다.

더욱이 대부분의 선수들은 마이너리그에서 최저 생활도 어려운 저임금에 고생을 하고 그 중에서도 뛰어난 소수만이 메이저리거의 꿈을 이룬다. 이런 사실을 고려할 때 평균 연봉 30만 달러(최빈수)는 그간의 희생에 대한 보상 측면도 있는 것이다. 아무튼 노조는 산술 평균을 이용한 구단주들의 작전에 말려들었는데, 만일 노조 지도자들이 평균에 대해 조금만 알고 있었더라면 반격할 수 있는 방법을 쉽게 생각해 냈을 것이다.

참고로 2003년도 우리나라 프로야구 선수들의 평균 연봉은 약 6,500만 원이다. 하지만 이 평균은 산술 평균으로, 실제로 가장 많은 선수가 받는 평균(최빈수)은 이보다도 훨씬 적을 것이다. 왜냐하면 선수 중에서 억대 이상의 연봉을 받는 선수가 65명이나 되고 이 중에서도 2억 원 이상은 26명에 이를 정도로 고액연봉자들의 높은 소득이 산술 평균을 끌어올렸겠지만, 아직 스타로 뜨지 못한 대다수 선수의 임금은 훨씬 적기 때문이다. 구단별로도 연봉의 편차가 심해 삼성의 평균 연봉은 9,300만 원인 데 비해, 롯데는 그 절반 정도인 4,900만 원선이다.

그러면 여러 평균 중에 어떤 것을 선택해 사용할 것인가? 목수가 여러 가지 연장을 용도에 맞게 쓰듯이 평균들도 각각의 특징에 어울리는 것을 골라 사용해야 한다. 각 평균은 개념부터가 서로 다르므로 그 개념에 맞는 차원에서만 유용하다. 산술 평균은 자료 속에 있는 모든 값을 더해서 계산하므로 그 값들이 어떤 범위 내에서 유사한 경우에만 효과적인 대표값이 된다. 고양이와 호랑이가 같은 고양이과科의 동물이라 해서 둘을 합쳐 고양이과科 동물의 평균을 낸다면 무의미하며 고양이와 호랑이를 따로 계산하는 것이 낫다. 중앙값이나 최빈수는 자료 속에 있는 특정한 값을 선택하는 것이므로 그런 내용을 알고 사용해야 한다.

평균을 선택할 때 고려해야 할 것은 우선 갖고 있는 데이터의 특성에 알맞은 것을 선택해야 한다는 점이다. 데이터의 특성 중에서 먼저 데이터가 어떤 척도로 측정되었는지가 중요하다. 통계학에서 사용하는 용어로 표현하면 명명척도로 측정한 경우에는 최빈수만을, 서열척도인 경우에는 중앙값만을 사용하고, 그 외의 경우에는 세 가지 평균 모두를 사용할 수 있다. 다음으로는 데이터의 분포를 고려해야 한다. 종모양 분포가 아닌 경우에는 산술 평균이 대표값으로서의 의미가 약해진다. 또한 표본에 따라 평균값이 크게 변화하지 않는 것을(안정성이라고 함) 선택해야 한다. 일반적으로 산술 평균은 안정성이 가장 높고 최빈수는 그 반대다.

목수가 여러 가지 연장을 용도에 맞게 쓰듯이

평균들도 각각의 특징에 어울리는 것을 골라 사용해야 한다.

각 평균은 개념부터가 서로 다르므로 그 개념에 맞는 차원에서만 유용하다.

　끝으로 평균을 선택할 때는 평균을 사용하려는 목적에 맞추어 결정해야 한다. 사용 목적이 다름에 따라 사용해야 할 평균이 다를 수도 있기 때문이다. 또한 선택한 평균으로부터 어떤 결론을 유도할 수 있는지, 그리고 이 유도한 결론이 데이터에 대한 잘못된 인상을 심어주지는 않는지도 고려해야 한다. 평균을 해석하는 데 또 한 가지 중요한 것은 자료들이 어느 정도로 흩어져 있는가를 알아야 한다는 것이다. 흩어진 정도를 모르거나 무시할 때에는 잘못된 판단 또는 엉뚱한 판단을 내릴 수도 있다.

15
흩어져 있는 정도를 알아야 한다

"내가 젊은 변호사였을 때는 이겨야 했을 많은 사건에 졌고 나이가 들어감에 따라 져야 했을 많은 사건에서 이겼다. 따라서 평균적으로는 법의 정의가 실현됐다."

이 말은 영국의 유명한 판사인 매듀스 경이 은퇴하면서 한 말이다. 이처럼 평균은 숫자들이 모여 있는 정도를 나타내는 유용한 정보이지만 분포 전체의 모양을 보여주지는 못한다. 때로는 모여 있는 정도보다 흩어져 있는 정도를 나타내는 대표값이 더 중요한 경우가 많다.

흩어져 있는 정도란 데이터가 얼마나 퍼져 있는지, 즉 각각의 숫자들이 얼마나 서로 다른지를 나타낸다. 간단한 예로 2, 2, 2, 2, 2는 전혀 흩어져 있지 않은 숫자들이고 1, 5, 10, 15, 30은 많이 흩어져 있다. 다음의 그래

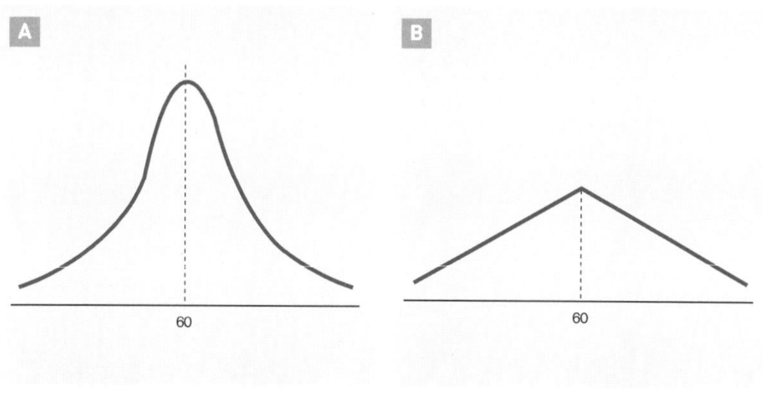

두 학급의 성적에 대해 어떤 비교나 결론을 끄집어내기 위해서는 흩어진 정도를 반드시 알아야 하는데, 이를 시각적으로 나타낸 그림.

프는 평균(산술 평균, 중앙값, 최빈수)은 같지만 흩어진 정도가 다른 두 학급의 성적 분포를 나타낸 것이다.

흩어진 정도를 나타내는 가장 간단한 측정치는 범위range로서 '최소값과 최대값 간의 차이'를 말한다. 이 차이가 크면 클수록 많이 흩어져 있다는 의미다. 그러나 흩어진 정도의 측정치로 가장 널리 쓰이는 것은 표준 편차인데, 그 값이 클수록 산술 평균을 중심으로 많이 흩어지게 된다. 표준 편차 대신 분산을 사용하기도 하는데, 표준 편차는 분산의 제곱근root을 취한 값이다. 평균값과 표준 편차를 함께 고려하면 중심의 대표값으로서 평균의 역할을 판단할 수도 있다. 예를 들어 평균값에 비해 표준 편차가 크다면 자료들이 평균 주위에 넓게 흩어져 있는 것이다. 따라서 이런 경우 평균은 중심의 대표값으로서 의미가 약해진다.

훈련 중 강을 걸어서 건너야 하는 병사들이 지도에 표시된 대로 평균 수심 1.3m라는 사실만 믿고 도강한다면 어떻게 될까? 운 나쁘게도 평균 주위에 흩어진 정도가 크다면(얕은 곳과 깊은 곳이 많다면) 많은 병사가 위험에 처할 것이다. 마찬가지로 어떤 강의 평균 수심이 3m라는 정보는 그 강에서 다이빙하려는 선수를 안심시키지는 못한다. 뛰어내리기 전에 최소한 흩어진 정도에 대한 정보를 알아야 낭패를 면할 수 있다.

어느 대학에서 같은 과목을 두 교수가 가르친다고 하자. 두 교수 모두 평균 C학점을 학생들에게 준다면 그 과목을 배우려는 학생들은 어떤 교수를 선택해도 마찬가지라고 생각할 것이다. 그러나 한 교수는 대부분의 학생들이 평범하다고 생각하여 C만 주고 다른 교수는 학생들이 반은 우수하고 반은 공부를 안 한다고 생각하여 A를 주거나 D−만 준다. 그러므로 이러한 흩어짐의 정보 없이 학생들이 평균 성적 C라는 사실만 가지고 교수를 선택한다면 학점 때문에 어려움에 처할 수도 있다.

어떤 병에 걸린 환자에게 의사가 "이 병에 걸린 사람은 평균 5년밖에 못 산다"고 말한다면 의사는 환자에게 충분한 정보를 제공하는 것이 아니다. 평균 생존 기간만 알고 생존 기간의 분포에 대해 모른다면 환자는 그에 맞는 투병 계획을 세울 수 없다. 평균 생존 기간이 5년이라도 4년 반에서 5년 반 사이에 분포하는 경우(대개 5년 내외에 사망함)와 1년에서 20년 사이에 분포하는 경우(일찍 사망할 수도 있고 꽤 오래 생존하기도 함)의 환자의 투병 계획은 다를 것이다. 평균만을 가지고서는 합리적인 의사 결정을 내릴 수 없으며 올바른 판단을 내리기 위해서는 평균 주위의 흩어진 정도도 함께 고려해야 한다.

결혼 상대자를 고르는 일에도 평균 외에 흩어진 정도가 중요한 기준이 될 수 있다. 평균이 같더라도 여러 기준에서 신부감(또는 신랑감)들은 다양한 차이가 나타날 수 있다. 이러한 차이가 개인적인 장점으로 작용하거나 선택의 이유로 작용할 수 있음을 다음 인용문은 잘 나타내준다.

"그러나 일생을 함께할 배우자로서는 평범이란 특징이 아무래도 마음에 들지 않는다. 평균으로 셈하면 결국 보통이 되고 말더라도 좀 들쭉날쭉하기를 바라는 게 솔직한 내 심정이다. 다시 말해, 어떤 점에서는 평균에서 좀 뒤지더라도 어떤 점에서는 뛰어난 편이 낫다." [12]

어떤 기준을 정해놓고 그 기준과 다르면 '비정상'으로 느끼도록 강요되는 사례가 적지 않다. 대표적인 것이 '평균적인 사람'이다. 특히 제품을 만드는 사람들이나 판매원들은 이 '평균적인 사람'에 대해 매혹적인 충동을 느낀다. 대량 생산의 필요성은 그 충동을 더 부채질한다. 물론 '평균적인 사람'들이 상대적으로 가장 큰 수요자이므로 그들에게 맞는 제품을 만들고 판매하려는 의도는 이해가 된다. 그러나 '평균적인 사람'에 대한 집착은 심한 경우가 많다. 주택, 차, 가구는 '평균적인 사람'들을 기준으로 만들어지는 대표적인 제품들이다. 키 큰 사람은 승용차를 탈 때 자주 머리를 부딪히고 키 작은 사람은 운전시 어려움을 겪는다.

부엌에서 여자들이 사용하는 싱크대 역시 여자들의 평균 키를 기준으로 만들어진다. 키가 작은 여자들은 싱크대를 사용할 때 팔이 아프고 큰 여자들은 허리를 구부리느라 애를 먹어야 한다. 평균과 다르다는 이유 때문에 불편함과 함께 자신이 비정상이라는 느낌을 가질 수밖에 없는 것이다. 비정상적인 사람들을 위한 물건을 만든다고 해서 현재의 대량 생산 공정이 크게 위협받을 것이라는 생각은 들지 않는다. 높이가 다른 다리를 사용하면 평균에서 벗어난 사람들에게도 맞는 것을 간단히 만들 수 있다.

1995년에는 미국 우주비행사의 키가 커서 미국과 러시아의 공동 우주 개발이 약간 차질을 빚은 적도 있다. 문제가 된 미국 비행사의 키는 1m 82cm인데, '비상시 사용해야 할지도 모를 러시아 우주선 내 좌석 높이보다 키가 2cm 더 크기 때문' 이었다고 한다. 물론 우주선 안의 제한된 공간 때문에도 그랬겠지만 그래도 180cm 이하에만 맞는 의자를 만들었다니 차질을 빚어도 싸다.

16
퍼센트의 현란한 기준에 속지 말자

통계학자 라이흐만Reichmann 은 "우리가 퍼센트 (%) 기호에 친숙하다는 사실이 퍼센트를 제대로 이해하면서 사용한다는 의미는 아니다"라고 말했다. 퍼센트는 초등학교 때 배운 쉽고 친숙한 개념이며 일상생활에서 가장 많이 접하는 용어 중 하나지만 우리가 자주 혼동하는 개념 가운데 하나이기도 하다.

초등학교 6학년 산수책에는 퍼센트에 대해 "비율에서 기준량을 100으로 보았을 때, 비교하는 양을 나타낸 수를 백분율 또는 퍼센트라고 하고 기호 %로 나타낸다"고 설명하고 있다. 예를 들어 50에 대한 20의 퍼센트는 다음과 같다.

$$\frac{20}{50} = \frac{40}{100} \quad \longrightarrow \quad 0.4 \text{ 또는 } 40\%$$

'무엇에 대한' 퍼센트라고 표현할 때, 그 '무엇'이 언제나 기준이 되며 이 기준은 퍼센트를 계산할 때 분모가 된다. 퍼센트는 이처럼 간단한 개념이지만 그 유용성은 매우 높다. 퍼센트는 2개 또는 그 이상의 숫자의 상대적 크기를 명확하게 하기 위해 주로 사용된다. 먼저 기준이 되는 한 숫자를 100으로 만들고 다른 숫자를 100에 대한 비율의 숫자로 바꾸면 상대적 크기를 한눈에 볼 수 있다. 예를 들어 A회사가 한 해 지출하는 비용이 3억 2,134만 5,000원인데 그 중에서 광고비가 3,512만 3,000원이라고 말하는 것보다 (전체 비용을 100으로 할 때)광고비가 11%라고 표현하는 것이 전체 비용에 대한 광고비의 상대적인 크기를 더 쉽게 이해할 수 있다.

숫자를 사용하는 속임수 중에서 퍼센트를 이용하는 것이 많은 부분을 차지한다는 사실은 퍼센트가 우리에게 친숙한 개념임을 생각할 때 매우 의아한 일이다. 왜 사람들은 퍼센트에 많이 헷갈릴까? 아마도 퍼센트 기호(%)가 주는 수학적, 과학적, 논리적 인상으로 인해 퍼센트를 그대로 받아들이기 때문일 것이다. 더욱이 퍼센트는 '이미 계산을 다 하여 알려주는 것이므로 그냥 받아들이면 된다'는 것을 은연중 강요함으로써 퍼센트로 인한 왜곡이나 속임수가 잘 통하는 것이다.

퍼센트가 주는 과학적이라는 이미지에 주눅 들어 퍼센트를 혼동하는 예를 들어보겠다. 어떤 상품의 가격이 100원에서 150원으로 올랐다면 인상률은 얼마일까? 인상률을 계산할 때는 원래 가격을 기준으로 퍼센트를 계산해야 한다. 왜냐하면 원래 가격보다 몇 퍼센트 올랐는지가 관심 대상이기 때문이다. 이를 계산하면 인상률은 50%다.

원래 가격 100원 ➡ 오른 가격 150원

$$인상률 = \frac{인상\ 금액}{원래\ 가격} = \frac{50원}{100원} = 0.5 = 50\%$$

그러나 50% 인상률이라면 가격이 너무 많이 올랐다는 인상을 줄 것이다. 그렇다면 어떤 눈가림으로 인상률을 낮출 수 있을까? 퍼센트를 계산하는 기준(분모)을 살짝 바꾸면 된다. 원래 가격(100원) 대신 오른 가격(150원)으로 기준(분모)을 바꿔치기하면 인상률은 아래와 같이 33%로 낮아진다.

인상 금액 50원

$$인상률 = \frac{인상\ 금액}{오른\ 가격} = \frac{50원}{150원} = 0.3 = 33\%$$

그러고 나서 실제 50%의 인상을 33% 인상이라고 낮추어 발표한다. 많은 사람들이 기준을 따져가며 실제로 계산하기보다는 계산된 것을 쉽게 수용하므로 인상률을 낮게 보이려는 목적을 쉽게 달성할 수 있다.

실제의 예를 들어보자(정헌석, 《즐거운 회계산책》, 김영사, 1992, 118쪽).
1991년 9월 1일부터 고속도로 통행료가 대폭 인상됐다. 서울에서 광주의
경우 6,300원에서 8,400원으로 올랐는데, 인상률은(인상 금액/원래 가
격)2100/6300 = 0.33 = 33%였다. 그러나 뉴스에서 발표된 인상률은 25%
였다. 기준을 바꿔치기해서, 즉 인상 금액 2,100원을(원래 가격 6,300원 대
신) 오른 가격 8,400원으로 나누어 계산한 것이 25%다. 통행료 대폭 인상
에 따른 여론의 비난을 피하기 위해 인상률을 낮게 발표하는 속임수를 쓴
것이다. 퍼센트를 계산할 때 기준을 잘못 사용했다고 누가 따지지도 않을
뿐 아니라 설령 따지더라도 계산의 실수라고 변명하면 그만인 것이다.

길을 가다가 67%의 파격할인 판매를 써 붙인 옷가게가 눈에 띄어 들른
적이 있다. 그런데 실제 할인율은 40%였는데 67% 할인이라고 광고하고
있었다. 원래 가격이 1만 원인 상품을 6,000원에 판매하고 있었으므로 할
인율은 4,000/1만 = 0.4, 즉 40%였다. 그러나 기준을 할인 후 가격으로 바
꿔치기 하여 4,000/6,000 = 0.67, 즉 67% 할인이라고 우겼던 것이다.

100% 할인이라고 하면 그냥 공짜로 물건을 준다는 말이다. 그러나 실
제로는 100원짜리를 50% 할인하여 50원에 판매하지만 할인율은 할인 후
가격을 기준으로 사용하여 50/50 = 100%라고 우기는 것이다. 100% 할
인이니 그냥 달라고 따지는 사람이 많게 되면 이렇게 엉터리로 퍼센트 계
산을 하지는 않을 것이다.

극심한 가뭄 피해를 보도하는 뉴스에 등장한 농민이 올해의 딸기 수확
량이 가뭄 때문에 작년에 비해 120%나 감소했다고 주장하지만 그것은 피

해를 과장하기 위한 것일 뿐 실제로 120%가 감소할 수는 없다.

　오래 전 〈뉴스위크Newsweek〉의 한 기사는 마오쩌둥毛澤東이 중국 정부 관리의 임금을 300% 삭감했다고 발표했다(〈뉴스위크〉, 1967년 1월16일). 당시 적대 공산국가인 중국의 어려운 실정을 과장하고 싶었겠지만 300%의 임금 삭감은 너무 심한 과장이었다. 그러나 "원래 월급에서 100% 삭감 후에 삭감할 것이 더 남아 있겠느냐"라는 한 주의 깊은 독자의 항의에 편집자는 나중에 300%가 아니라 66.7%라고 정정해야 했다. 다른 예를 하나 더 들겠다. 만약 어느 회사의 사장이 다음과 같은 말을 했다면 그 말이 맞는 것일까?

　"종업원의 임금을 50% 인하했더니 불평이 많아서 다시 50% 올려 원래대로 했다." 이 말은 듣는 사람들은 임금이 원래의 임금으로 돌아간 것 같은 인상을 받겠지만 실제로는 그렇지 않다. 즉 100원의 월급에서 50%를 깎으면 50원이 되고 다시 50원의 월급에서 50%를 올려 주면 75원밖에 되지 않는다. 따라서 사장의 말은 틀린 것이며 50%의 인하를 상쇄하기 위해서는 100%를 인상해야 원래의 임금으로 돌아가는 것이다. 이런 이유 때문에 퍼센트를 대할 때는 무엇에 대한 퍼센트인지, 기준이 제대로 적용되어 있는지를 항상 따져보아야 한다.

17
담뱃값과 흡연인구

"담뱃값 오르면 금연하겠다"는 사람들이 많지만, 담배와 관련한 사례로 담뱃값과 흡연율 간의 인과관계 논란은 약방의 감초처럼 빠지지 않고 등장한다. 금연정책을 담당하는 보건복지부는 2003년 7월 담배 소비 억제를 위한 국가 간 협력 방안을 담은 세계보건기구WHO의 '담배규제 기본협약'에 서명한 후 담뱃값 인상과 담배 광고 규제 작업에 본격 나서기 시작했다. '담배규제 기본협약'이란 담배가 건강에 미치는 폐해가 전 지구적 문제임을 인정하고 효과적인 담배 통제수단과 국제적 협력 방안을 담은 보건 분야 최초의 국제협약이다.

2002년 5월 제56차 세계보건총회에서 WHO 회원국들의 전폭적 지지로 인준된 이 협약은 서명국이 협약 정신에 반하는 행위를 하지 않겠다는 도덕적 의무를 지는 것을 골자로 하고 있으며, 40개 국 이상이 자국 법 규정을 개정해 국회 비준을 받으면 국제법으로서의 효력을 갖게 된다는 내용으로 이뤄져 있다. 당시 김화중 보건복지부 장관은 정부 대표 자격으로 유엔본부를 방문해 이 협약에 서명한 후 "한국 성인 흡연율을 60.5%에서 30% 수준으로 낮추기 위해 담뱃값 1,000원 인상 법안과 담배 광고를 규제하는 법안을 차례로 국회에 제출하겠다"고 선언했다.

담뱃값을 1,000원 올리면 건강증진 부담금이 연간 4조 원 정도 모아지는 만큼 이 돈을 암의 조기검진·치료, 흡연자 암 치료, 금연 프로그램 운영, 암 병원 10곳 설치 등을 위한 재원으로 쓰겠다는 계획도 함께 밝혔다. 이후 복지부는 재정경제부 등 관계부처를 설득해 담배에 붙는 '건강증진 부담금'을 올리는 방법으로 담배가격 인상을 유도하기 시작했다. 복지부의 주도 아래 담뱃값은 2004년 말 500원 인상됐다. 그리고 당초 예정대로 담뱃값을 추가로 500원 인상하는 방안이 시행됐다.

이런 상황에서 담뱃값 인상에 관한 찬반논쟁도 재연되었다. 담뱃값 추가 인상을 통해 흡연율을 줄여나가겠다는 복지부와 물가인상 및 담배 소비 감소로 인한 세수 감소를 들어 담뱃값 인상에 반대하는 재정경제부, 행정자치부 간의 이견도 팽팽히 맞섰다. 담배를 둘러싼 논란은 담뱃값을 많이 올렸을 경우, 담배 소비가 얼마나 줄고 금연 인구가 얼마나 늘어날지에 대한 명확한 통계가 없다는 데에서 비롯되었다. 객관적 통계가 부재하다보니 부처마다 '장님 코끼리 만지기' 식으로 자기주장만 내놓았다.

"우리나라는 담뱃값 변수뿐 아니라 미주일 신드롬,
언론의 금연캠페인 등 담배 수요에 영향을 미치는 요인이 너무 많아
그 상관관계를 제대로 추정하기가 매우 어렵다"

복지부는 2000년 통계청이 집계한 도시가계지출 통계를 근거로 담뱃값이 100% 오르면 흡연 인구가 적어도 20% 줄어들 것이라고 주장했다. 그러나 재경부나 행자부 등 다른 부처에서는 담뱃값 인상이 담배 수요에 별다른 영향을 미치지 못할 것이라고 반박하고 있다. 행자부는 "담뱃값 인상이 예고되면 사재기 현상이 나타날 뿐 아니라, 담뱃값 인상 효과 역시 기껏해야 5~6개월 이상 지속되지 못한다"고 주장했다. 재경부는 자체적으로 수집한 선진국의 사례를 들어 "담뱃값과 흡연율은 전혀 상관관계가 없는 것으로 나타났다"고 주장하면서 담뱃값을 올려 흡연율을 낮추겠다는 복지부의 복안은 현실과 동떨어진 구상이라고 비판에 나섰다. 또 담배 소비자운동단체에서는 "과거 택시 값이 오를 때마다 택시 이용자가 줄어들 것이라고 예측했지만 결국 그대로이지 않았느냐"면서 가격 인상을 통한 담배 소비 억제 정책은 성공할 수 없을 것이라고 목소리를 높였다. "값이 올라도 피울 사람은 다 피우는데 결국 서민들이 담뱃값 인상으로 인한 고통만 고스란히 떠안게 될 것"이라고 주장했다.

담뱃값 인상이 실제 담배 소비 감소에 미치는 영향에 관한 국내의 유일한 연구 결과는 2000년 8월 충북의대 강종원 교수팀의 설문 조사 분석이다. 강교수 팀은 당시 15세 이상 성인남자 1,026명을 대상으로 담뱃값과 금연율에 관한 전화 설문 조사를 벌였다. 조사 결과 담뱃값이 3,000원으로 오른다면(당시 담뱃값은 1,200원 수준) 담배를 끊겠다고 응답한 사람은 조사 대상자의 44% 정도로 나타났다.

그러나 이러한 수치를 액면 그대로 받아들이기 어렵다는 데 문제가 있다. 설문 조사에서 '담배를 끊겠다' 고 응답한 사람들 가운데 실제로 담배를 끊는 사람은 일부에 지나지 않는다는 것이 외국 사례를 통해 입증된 바 있기 때문이다. 강교수에 따르면 '담배를 끊겠다' 고 응답한 사람들 중 실제로 금연을 실천하는 사람은 25% 정도에 지나지 않는다. 이러한 설문 조사 결과가 가질 수밖에 없는 함정도 간과할 수 없다. 응답자들이 자신의 답변이 담뱃값 인상에 영향을 미친다고 판단하면 담뱃값 인상을 방해하기 위해 '담뱃값이 오르면 끊어버리겠다' 고 대답할 가능성이 크다는 것. 강교수는 "담뱃값을 5,000원 수준까지 높이지 않는 한 담뱃값을 올려 흡연율을 낮추기는 어려울 것"이라고 전망했다.

담뱃값과 흡연율 간의 상관관계를 제시해야 하는 책임은 담배 판매를 주 수입원으로 하는 KT&G(옛 한국담배인삼공사)측에 있지만 담배가격을 올려 담배 소비를 얼마나 줄일 수 있을지 정확히 예측하지 못했다. KT&G 측은 1994년부터 2002년까지 다섯 차례에 걸친 담뱃값 인상에 따른 수요의 가격탄력도가 0.14라고 분석한 바 있다. 가격탄력도란 담뱃값 인상이 소비 감소에 영향을 미치는 정도를 의미한다. 즉 담뱃값을 10% 올리면 담배 소비가 1.4% 감소한다는 의미다. 복지부 주장대로 담뱃값을 2,000원에서 3,000원으로 50% 올릴 경우, 담배 수요가 7% 정도 감소할 것이라는 얘기다. 그러나 이 수치 역시 정확하지 않기는 마찬가지다. KT&G 관계자는 "우리나라는 담뱃값 변수뿐 아니라 이주일 신드롬, 언론의 금연캠페인 등 담배 수요에 영향을 미치는 요인이 너무 많아 그 상관관계를 제대로 추정하기가 매우 어렵다"고 말했다.

KT&G는 최근 들어서야 사내 연구소를 중심으로 담배가격을 비롯해 담배 판매에 영향을 미치는 여러 가지 변수에 대한 정밀분석 작업에 착수했다고 한다. 이 작업을 좀더 일찍 시작했더라면 좀더 과학적인 담뱃값 인상이 이뤄졌을 것이라는 아쉬운 생각이 든다.

CHAPTER 3

통계, 알면 약이고 모르면 독이다

18
로또 당첨, 혹시 조작은 아닐까?

"1등에 23명이나 당첨됐다고? 이거 조작 아니야?" 당첨금액이 상대적으로 큰 로또복권은 국민에게 일확천금의 환상을 갖도록 부추기고 있다. 정부는 이러한 열기를 식히기 위해 로또 한 게임당 금액을 1,000원으로 인하했다. 그러나 아직도 그 열기는 식을 줄 모른다. 로또 번호와 관련된 사이트도 셀 수 없을 정도로 많아졌다.

그런데 로또 추첨이 조작됐다는 의혹이 있었다. 가장 크게 대두된 시기는 21회 차에서 23명이 1등에 당첨되었을 때다. 인터넷에서 로또 추첨 조작설이 유포됐고 네티즌을 비롯한 일반 국민들이 동요했다. 이에 대해 로또를 발행하는 기관에서는 "로또 추첨 조작설을 사이버 공간에 게재하는 행위에 대해 IP 추적 등의 법적 대응을 하겠다"고 밝히는 등 추첨 조작설이 근거 없는 것이라고 주장했다.

로또 추첨 조작설은 19, 20회 차에 각각 407억 원과 193억 원의 최고 당첨금이 나오면서 시작됐다. 너무 많은 1등 당첨금 때문에 사행심을 조장한다는 비판이 일었고 정부가 1등 당첨금을 줄이는 방안을 추진했다. 그리고 마치 기다렸다는 듯 그 다음 21회 차 추첨에서 1등 당첨자가 23명이나 나와 의혹이 불거졌다. 더군다나 19, 20회 차에서는 2주 연속 한 명밖에 당첨되지 않았기에 의혹이 더욱 커질 수밖에 없었다. 그러나 관련 기관에서는 "로또복권의 특성상 구매자가 직접 번호를 선택하기 때문에 특정 번호에 사람들이 많이 몰릴 수 있다. 더구나 우리나라의 경우 번호를 자동 선택하는 비율이 낮아 의외의 상황이 많이 발생한다"고 반박했다. 1등에 23명이나 당첨될 확률은 0.000000005로 극히 적으므로 로또 추첨이 조작됐다는 의혹을 받기에 충분하다.

로또 추첨 조작설을 반박하는 주장의 핵심은 "구매자가 직접 번호를 선택하는 방식이고 우리나라의 경우 자동으로 번호를 선택하는 비율이 낮기 때문에 특정 번호에 사람들이 많이 몰릴 수도 있다"는 것이다.

이를 확률적으로 검증하려면 사람들이 같은 번호를 선택할 확률, 즉 같은 번호에 여러 사람이 몰릴 확률을 계산하면 된다. 21회 차 로또에서 23명이 당첨됐다는 것은 23명이 같은 번호를 선택했다는 것이다. 1명이 로또 1게임을 했다고 가정하자. 로또를 구입한 4,200만 명 중에서 23명이 같은 번호를 선택할 확률을 구하면 된다. 먼저 두 사람의 번호가 같을 확률은 얼마일까? 이 확률은 로또에 당첨될 확률과 같다. 쉽게 표현하면 국민은행이 추첨하는 번호를 그대로 맞힐 확률은 내가 다른 사람이 선택한 번호를 맞힐 확률과 같은 것이다. 따라서 로또를 산 4,200만 명 중 23명이 같은 번호를 선택할 확률은 바로 1등에 23명이 당첨될 확률과 같다. 23명이 같은 번호를 선택할 확률이 거의 0에 가까운데도 불구하고 실제로 23명이 같은 번호를 선택해 1등에 당첨됐다. 사람들이 번호를 선택하는 것은 자기 마음대로이므로 이 부분에서 조작은 결코 일어날 수 없다. 따라서 사람들이 특정 번호에 몰렸기 때문에 당첨자가 많이 나왔다고 주장하는 로또 관련 기관의 반박은 설득력이 높다.

그렇다면 결론은? 로또 추첨에 의혹을 제기하는 측의 주장도 맞고, 의혹을 반박하는 측의 주장도 맞는 문제가 생긴다. 하지만 이 문제는 조작의 전후관계를 따지면 간단히 해결된다. 많은 사람들이 특정 번호에 몰리는, 일어나기도 어렵고 조작할 수도 없는 현상이 먼저 일어났고 그에 따라서 당첨자가 23명이나 되는 일어나기 어려운 일이 결과적으로 발생한 것이다. 다시 말해서 많은 사람이 같은 번호를 선택하는 경우는 거의 없다. 그런데 우리나라에서는 특정 번호를 선호하는 경향이 있고 자동으로 번호를 선택하는 비율이 낮다. 따라서 많은 사람이 1등에 동시 당첨되는 일어나기 어려운 결과가 우연히 나타난 것이다. 다시 말하면 로또 추첨에서 조작은 없었으며 특정 번호에 대한 사람들의 선호 경향 때문에 아리스토텔레스의 말처럼 '일어날 것 같지 않은 일이 일어난 것' 뿐이다.

로또 추첨 조작? 확률과 놀자

특정 번호를 선호하는 사람들의 태도를 확률로 설명할 수 있을까? 정답부터 말하면 이런 태도는 확률에 대한 잘못된 생각, 즉 확률적 오류일 뿐이다. 예를 들어 사람들은 과거의 1등 당첨번호를 참고해서 번호를 선택하는 경향이 많다. 하지만 이런 성향은 독립적인 사건을 종속적인 사건으로 혼동하기 때문에 일어나는 확률적 오류다.

이번 주 로또 추첨에서 15가 뽑힐 확률은 이전의 로또 추첨에서 15가 여러 번 뽑혔었다는 사실과 전혀 관계없이 독립적이다. 즉 이전에 어떤 숫자가 상대적으로 많이 뽑혔다는 사실은 이번 주 추첨에서 그 숫자가 뽑힐 확률과 아무 관계가 없다. 로또 추첨 조작설이 제기된 원인은 이와 같은 확률적 판단의 오류 때문이다. 특정 번호를 선호하는 경향이 있어 그 번호를 선택한 사람이 많이 생기고, 우연히 그 번호가 1등에 뽑혀 당첨자가 많이 나오자 추첨 과정에 오류가 있을 거라는 의문이 제기된 것이다. 오류가 있었다면 추첨 과정에서가 아니라 사람들이 번호를 선택하는 판단에 있었다고 할 수 있다.

로또 1등에 23명이 당첨될 확률은 0.000000005

로또 추첨 조작설을 주장하는 쪽과 반박하는 쪽의 주장을 확률적으로 검증해 보기로 하자. 로토 1등에 당첨될 확률은 814만 560분의 1이다. 45개의 숫자 중에서 골라 6개 숫자의 조합을 만드는 방법이 814만 560가지나 있는데, 당첨 번호는 그 중 하나라는 의미다.

확률적으로 45개 숫자 중에서 6개를 선택하는 경우의 수를 계산하는 식은 $_{45}C_6$으로 표현한다(C는 조합combination을 의미). 다음에는 1등 당첨자가 23명 나올 확률을 계산해야 한다. 만약 이 확률이 매우 작다면 로또 추첨 조작설이 설득력을 갖는다.

먼저 확률계산에 필요한 이항분포에 대해 알아보자. 어떤 사건이 성공(여기서는 1등 당첨)과 실패로 구분되고 성공할 확률이 P, 실패할 확률이 1−P라고 한다. 여러번의 시행(n)에서 특정 횟수(x)만큼 성공할 확률은 이항분포 $Prob(x) = {_n}C_r P^x (1-P)^{n-x}$로 계산한다. 예를 들어 주사위를 6번 던질 때 1이 5번 나올 확률은 $Prob(5) = {_6}C_5 (1/6)^5 (1-1/6)^{6-5}$로 계산할 수 있다.

로또 1등에 23명이 당첨될 확률은 위의 식에서 r대신 23, P대신 814만 5,060분의 1을 넣으면 된다. 총 시행횟수인 n은 21회차에서 판매된 로또 총수인 약 4,200만이다. 이 값은 그 주의 로또 총 판매금액을 장당 가격인 2,000원으로 나눈 것이다. 따라서 1등에 23명이 당첨될 확률 $= {_{42,000,000}}C_{23}(1/8,145,060)^{23}(1-1/8,145,060)^{42,000,000-23}$

위의 계산은 매우 복잡해 보인다. 그러나 아래와 같이 평균을 이용한 포아송 분포로 간단히 근사값을 구할 수 있다. 이항분포의 평균은 nP로 계산한다. 즉 여기서는 $42,000,000 \times (1/8,145,060)$이므로 5.17이다.

$$_{42,000,000}C_{23}(1/8,145,060)^{23}(1-1/8,145,060)^{42,000,000-23}$$

$$= (5.17)^{23} \, e \, {-5.17/23!}$$

$$= 0.000000005$$

1등 당첨자 수	확률
0	0.006
1	0.029
2	0.076
3	0.131
4	0.169
5	0.175
6	0.151
7	0.111
8	0.071
9	0.041
10	0.021
11	0.010
12	0.004
13	0.002
…	…
23	0.000000005

1등에 23명이나 당첨될 확률은 0.000000005로 극히 작으므로 로토 추첨이 조작됐다는 의혹을 받기에 충분하다. 다시 말해서 계산된 확률만으로는 로토 추첨 조작설이 받아들여진다. 이를 확인하기 위해 1등 당첨자수에 따른 확률을 계산해 표로 만들어보면 아래와 같다. 이 표는 위의 식에서 23대신 0, 1, 2, 3,… 을 넣어 계산한 것이다.

표에서 볼 수 있듯이 1등 당첨자 수는 주로 3~7명이고, 당첨자 수는 거의 대부분(약 99.7%) 0~13명 사이에 분포한다. 23명이나 1등으로 당첨될 확률은 거의 0이나 마찬가지다.

로또를 구입한 4,200만 명 중 23명이 같은 번호를 선택할 확률

= 4,200만 장의 로또가 팔렸을 때 1등에 23명이 당첨될 확률

$$= {}_{42,000,000}C_{23}(1/8,145,060)^{23}(1-1/8,145,060)^{42,000,000-23}$$

= 0.000000005

이 계산에서 알 수 있듯이 23명이 같은 번호를 선택할 확률이 거의 0에 가까운 데도 불구하고 실제로 23명이 같은 번호를 선택해 1등에 당첨된 것이다.

구매자가 직접 번호를 선택하는 방식이고 우리나라의 경우 자동으로 번호를 선택하는 비율이 낮기 때문에 특정 번호에 사람들이 많이 몰릴 수도 있다' 는 것을 확률적으로 검증하려면 사람들이 같은 번호를 선택할 확률, 즉 같은 번호에 여러 사람이 몰릴 확률을 계산하면 된다.

19
통계는 살인범도 구한다

1964년 미국 LA에 사는 젊은 여성 콜린즈는 이 곳에서 벌어진 한 살인사건의 용의자로 체포돼 1, 2심에서 유죄 판결을 받은 뒤 캘리포니아 주 대법원의 마지막 판결을 기다리고 있었다. 그녀는 사건 목격자가 진술한 범인의 인상착의와 특성이 자신과 비슷하다는 이유로 유죄 판결을 받았다. 목격자에 따르면, 범인은 금발에 말총머리를 한 백인 여성이었는데, 콧수염과 턱수염을 기른 흑인과 같이 있었으며 노란색 승용차를 타고 있었다. 콜린즈는 이 모든 상황과 일치한다는 이유 때문에 용의자로 구속되었고 1, 2심에서 유죄 판결을 받았다.

검찰측 주장은 어떤 백인 여성이 목격자의 인상착의와 같을 확률은 1,200만분의 1로 극히 적기 때문에(참고로 로또에 당첨될 확률은 약 800만분의

1) 콜린즈가 범인이라는 일관된 주장을 폈는데, 그 확률계산의 내용은 아래와 같다.

금발 백인 여성일 확률 1/3, 말총머리를 한 여성 1/10, 흑백 혼합 커플 1/1,000, 콧수염과 턱수염을 기른 흑인 남자 1/40, 노란색 승용차 1/10.

이 같은 특성과 일치할 확률은 이 숫자들을 모두 곱한 1/1,200만이라는 것이 검찰측 주장이었다. 1, 2심 배심원들은 검찰측의 확률적 근거에 바탕을 둔 주장(한 여성이 범인의 특성과 일치할 확률이 극히 낮은데도 불구하고 콜린즈는 범인의 특성과 매우 일치하므로 범인임에 틀림없다)을 받아들여 콜린즈가 범인이라는 판결을 내렸다. 그러나 캘리포니아 대법원은 판결문에서 검찰측의 확률계산에 문제가 있음을 지적했다. 검찰측 계산은 각각의 특성이 독립적이라는 가정 하에서는 가능하지만 실제로는 각 특성이 독립적이지 않으므로(중복되는 부분이 있음) 일치할 확률은 훨씬 높아진다는 것이다. 이런 문제점을 무시하고 검찰측 주장인 범인과 특성이 일치할 확률이 1/1,200만이라는 수치를 받아들인다 하더라도 1, 2심의 판결에는 중대한 오류가 있다고 대법원은 지적했다. 대법원은 이 사건에 있어서 중요한 확률은 범인의 특성과 일치할 확률이 얼마나 낮은가가 아니라, 콜린즈 외에도 다른 커플이 범인의 특성과 일치할 확률이 얼마냐는 것이라고 지적했다.

이미 콜린즈와 그녀의 애인이 범인의 특성과 일치한다는 사실을 알고 있는 조건 하에서 범인의 특성과 일치하는 다른 커플이 있을 확률을 수학

대법원은 이 사건에 있어서 중요한 확률은 범인의 특성과 일치할 확률이
얼마나 낮은가가 아니라, 콜린즈 외에도 다른 커플이 범인의 특성과
일치할 확률이 얼마냐는 것이라고 지적했다.

적으로 계산해 봤다. LA 지역에 200만 커플이 있을 경우 콜린즈 외에도 범인과 특성이 일치하는 다른 커플이 있을 확률은 약 8%, 500만 커플이 있다면 그 확률은 무려 19%나 된다는 것이었다. 캘리포니아 대법원은 사건과 직접 관계된 올바른 확률계산을 근거로 해서 콜린즈 외에도 범인의 특성과 일치하는 다른 커플이 있을 확률이 상당히 높다고 판단, 이 사건의 1, 2심 판결을 뒤집고 콜린즈에게 무죄를 선고했다.

비슷한 예를 하나 더 소개한다. 미식축구 선수로 유명했던 O. J. 심슨 Orenthel James Simpson은 금발의 백인 아내를 살해한 범인으로 구속되어 재판을 받았다. 흑인 남편이 백인 아내와 그녀의 애인을 무참하게 살해했다는 혐의로 미국 전역을 떠들썩하게 만든 이 재판에서 심슨은 명백해 보이는 증거 때문에 유죄 판결을 받을 가능성이 높았다. 경찰은 피살현장에서 범인의 피 흔적을 찾을 수 있었고, 그 혈흔에서 채취된 DNA가 심슨의 것과 일치했기 때문이다. 통상 DNA 분석 결과가 우연히 일치할 확률은 1만 분의 1이다.

검사측은 심슨이 99.99%의 확률로 살인자라고 결론을 내렸다. 반면 변호사측은 LA 인근 인구 300만 명 중 300명이 같은 DNA를 공유하므로 심슨이 살인자라는 결론은 99.7%의 확률로 오판이라고 주장했다. 재판부는 심슨이 DNA가 같은 300명 중 한 명일 수도 있다며 변호사측의 손을 들어주어 심슨은 결국 무죄 석방됐다. 유능한 판사가 되려면 법뿐 아니라 통계도 알아야 하지 않을까.

20
딸 부잣집의 속사정

얼마 전 한 TV 토크쇼에서 부산의 딸 부잣집으로 불리는 가정의 부부와 일곱 명의 딸이 등장해 재미있는 가족 이야기를 들려주었다. 프로그램 중간에 사회자가 "어쩌다 딸만 일곱을 낳게 되었습니까?"라고 묻자 어머니는 이렇게 대답했다.

"딸을 셋 낳으니까 사람들이 '딸 셋을 잇따라 낳으면 다음 아이는 틀림없이 아들'이라고 하기에 낳았더니 또 딸이데요. 그런데 딸 여섯을 낳으니까 다음엔 정말로 틀림없이 아들이라고 하기에 또 낳았더니 딸이었어요."

이 대답에 방청객들은 큰 웃음을 터뜨렸다. 그러나 이 말 속에는 간단히 웃어넘길 수 없는 확률적 오류가 숨어 있다. 이유인 즉 어느 경우에나 아들을 낳을 확률은 2분의 1이다. 새로 태어날 아기는 그 전에 딸만 줄줄이 태어났다는 것을 당연히 기억하지 못한다. 따라서 잇따라 딸을 다섯 낳았거나 아들을 다섯 낳았더라도 다음에 다시 아들을 낳을 확률은 여전히 2분의 1이다. 그러나 사람들은 딸을 셋 잇따라 낳으면 다음에 아들을 낳을 확률이 2분의 1보다 높다고 생각한다. 이러한 잘못된 판단을 '도박사의 오류'라고 한다. 도박사들이 흔히 범하는 오류라서 이런 이름이 붙었다.

카지노에는 '룰렛roulette'이라는 게임이 있다. 1에서 38까지의 숫자가 적힌 원판을 돌리면서 그 위에 구슬을 떨어뜨린 뒤, 구슬이 어떤 숫자에서 멈추는가 하는 게임이다. 사람들은 다양한 방법으로 숫자에 돈을 건다. 숫자를 맞히면 정해진 배당을 받는다. 홀수 또는 짝수에 돈을 건다고 할 때 만약 여섯 번 동안 내내 홀수만 계속해서 나왔다면 다음에 짝수가 나올 확률은 얼마일까? 이처럼 앞서 홀수가 여러 번 나왔을 때 다음에 짝수가 나올 확률은 2분의 1보다 높을 것이라고 생각하는 것이 바로 '도박사의 오류'다. 룰렛의 구슬은 이전에 어떤 숫자가 나왔는지 전혀 기억하지 못하는데, 도박사들은 앞서 홀수만 여러 차례 나왔다는 사실을 룰렛의 구슬이 기억할 것이라고 기대하는 잘못을 범한다. 도박사들의 이런 기대와는 관계없이 어떤 경우에도 다음에 짝수가 나올 확률은 2분의 1이다. 사람들은 이런 판단이 옳은 것이라고 해도 여전히 자기의 생각을 고집하는 경우가 많다.

메드가 앨런 포는 주사위 게임에서 2가 계속해서

다섯 번 나왔다면 여섯 번째 시도에서 2가 나올 확률은

6분의 1보다 작을 것이라는 주장을 끝까지 고집했다.

그러나 2가 연속 다섯 번이나 나왔어도 다음에 2가 나올 확률은 여전히 6분의 1이다.

그렇다면 사람들은 왜 이렇게 잘못된 판단(도박사의 오류)을 할까? 사람들은 동전을 던질 때, 앞면-뒷면-앞면-뒷면-앞면-뒷면이 나올 확률이 앞면-앞면-앞면-앞면-앞면-앞면이 나올 확률보다 훨씬 높다고 생각하기 때문이다. 앞면이 나올 확률이 2분의 1이므로 몇 번의 시도에서도 앞면과 뒷면이 나오는 횟수가 비슷하게 균형을 이루기를 기대하는 것이다. 그러나 동전을 만 번 던질 때 앞면이 나올 확률은 2분의 1에 수렴하겠지만 10번을 던지는 경우에는 반드시 앞면 5번, 뒷면 5번이 나와야 되는 것이 아니라 앞면이 10번이나 나올 수도 있다. 룰렛에서도 홀수가 나올 확률은 수많은 시도를 했을 때 그 확률이 38분의 1이 되는 것이다. 이를 '평균의 법칙law of averages' 또는 '대수大數의 법칙law of large numbers'이라고 한다. 대수의 법칙의 의미는 시도(또는 실험)를 반복하면 할수록 원래의 이론적인 확률에 근접한다는 것이다. 즉 룰렛에서 홀수가 나올 확률은 수많은 시도(또는 실험)를 했을 때 38분의 1이 된다는 의미다. 그러나 여기에서 말하는 '수많은 시도'는 사람들이 흔히 생각하는 것보다 훨씬 많은 시도를 의미한다. 시간의 흐름 위에서 대수의 법칙이 존재하는 것이다. 그 많은 시도 속에 부분적으로는 홀수만 연속해서 나온다고 해도 결코 이상한 일은 아니다. 흥부처럼 아들만 열여덟을 낳을 수도 있다.

유명한 소설가 에드가 앨런 포Edgar Allan Poe는 주사위 게임에서 2가 계속해서 다섯 번 나왔다면 여섯 번째 시도에서 2가 나올 확률은 6분의 1보다 작을 것이라는 주장을 끝까지 고집했다. 그러나 2가 연속 다섯 번이나 나왔어도 다음에 2가 나올 확률은 여전히 6분의 1이다. 만약 그가 라스베

이거스에 살았다면 돈을 다 잃고 거지가 되는 일은 시간 문제였을 것이다.

사람들은 독립적인 사건을 종속적인 것으로 혼동하기도 한다. 내가 빨간 넥타이를 할 확률과 당신이 아침 식탁에서 굴비를 먹을 확률은 아무런 관계가 없는 독립적인 것이다. 반대로 사건 A가 사건 B에 영향을 미칠 때는 사건 B는 사건 A에 종속적이라고 한다. 앞서 예를 든 대로 내일 우산을 들고 나갈 확률은 내일 비가 올 확률에 종속적이다. 아들을 낳을 확률은 그 전에 딸을 낳았다는 사실과는 전혀 관계없이 독립적이다. 앞에서 홀수가 연달아 나왔다는 사실은 다음에 홀수가 나올 확률과 아무런 관계가 없다. 이처럼 독립적인 사건들을 어떤 관계가 있는 종속적인 사건으로 볼 때 '도박사의 오류' 같은 잘못된 판단을 하게 되는 것이다.

점쟁이가 떼돈 버는 이유

이문열의 소설 《어둠의 그늘》에 '인간이란 예측할 수 없는 앞날에 대해 얼마나 나약하고 비논리적이 되는지…' 라는 대목이 있다. 이런 이유 때문에 특히 우리 사회에서 많은 사람들이 점을 애용(?)한다.

나는 전공이 경영학이기 때문에 가끔씩 유망직업에 대해 질문받을 때가 있다. 그럴 때면 나는 농담으로 미래 유망직업 중 하나가 역술가라고 말한다. 대부분의 사람들은 점을 치는 일이 정보 산업, 첨단 과학기술 산업에 종사하는 일과 어떻게 어깨를 나란히 하는 유망직업이 될 수 있느냐고 반문한다. 국가 산업 발전에 기여하는 순위 면에서는 당연히 역술은 꼴찌에 가깝다. 그러나 역술은 전문 자영업(?)으로서 사업에 유리한 여러 가지 조건을 갖고 있다. 유망한 직업은 우선 그 직업이 파는 상품(또는 서비스)에 대해 수요가 많아야 한다. 그런데 점을 보려는 사람들, 즉 역술에 대한 수요는 현대문명 사회 속에서도 좀처럼 줄지 않는다. 입시철, 신정, 구정 등 운세의 성수기뿐 아니라 각종 선거로 인한 특수가 있고, 또한 개인의 사회 경제 정치적인 고민은 사철을 가리지 않고 일어나므로 점에 대한 수요는 불경기가 없다고 할 수 있다.

점성술의 역사나 《주역》이 씌어진 시기 등을 생각하면 사람들이 꽤 오래전부터 운명적인 것에 많은 관심을 갖고 있었다는 것을 알 수 있다. 운명론적 사고, 즉 운명은 미리 정해져 있는 것이라는 생각은 사람들로 하여금 그 운명을 미리 엿보고 싶어하는 욕망을 오래 전부터 갖게 만들었다. 복잡하고 다원화한 현대사회 속에서도 여전히 사람들의 그런 욕망은 무언가 기댈 곳을 제공해 준다는 측면에서 그 필요성이 결코 줄지 않고 있다.

삼성그룹 창시자 이병철 회장이 공장 부지를 물색할 때 반드시 지관과 동행했다든지, 신입사원 채용 시 관상을 따졌다는 것은 널리 알려진 이야기다. 이런 현상이 우리나라 특유의 현상만은 물론 아니다. 미국에서도 많은 기업들이 사원을 뽑을 때 고용 조건으로 골상 검사를 받도록 요구했고 또 결혼하려는 많은 예비부부들이 골상학자들의 조언을 구했다고 한다.

레이건 전 미국 대통령도 중요한 결정을 내릴 때면 백악관에서 아내 낸시와 함께 점성가를 만난다고 해서 구설에 오른 적이 있다. 최근에는 미국 중앙정보국CIA에서 지난 20년간 거액을 들여 심령술사들을 고용했다는 사실도 밝혀졌다. 그러나 역시 역술에 대한 수요에 있어서는 우리나라가 세계 최고일 것이다. 신년운수, 입시, 결혼, 선거, 작명, 사업확장, 빌 딩위치, 대리점위치, 개업일, 이삿날, 묘자리 등등 운세를 따지지 않는 것 이 없을 정도다. 따라서 수요가 넘쳐나는 시장市場인 역술은 유망직업으 로서의 필요조건을 만족시키고도 남음이 있다.

둘째는 상품(점)을 파는 일이 상대적으로 질적인 측면에서 볼 때 까다롭 지 않다는 것이다. 날짜나 자리를 정해주는 일은 어느 정도의 지식으로 고객에게 왜 특정한 날짜나 자리가 좋은지를 설명하기만 하면 된다. 점을 보러 온 사람들은 옷을 고르는 고객처럼 까다롭지 않다. 합격 여부, 당락 여부 등에 대해서는 객관적인 상황과 주관적인 판단을 결합하여 결정하 면 된다. 경험이 쌓이면 이 분야에서도 맞힐 확률이 높아진다. 특히 태어 날 아이의 성별을 맞히는 것은 맞힐 확률이 2분의 1이나 되며 그래서 다 음과 같이 광고하기까지 하는 것이다.

'아기가 아들일까 딸일까? 유명한 심령술사가 임산부의 앞모습 사진만으 로도 태아의 성별을 알려드립니다. 임신은 3개월이 지나야 하며 틀릴 경우 에는 돈을 돌려드릴 것을 보장합니다. 사진과 함께 돈 10달러를 아래의 주 소로 보내십시오…'

물론 이 심령술사가 절반은 맞힐 수 있다. 하지만 그 정도는 당신이나 나도 맞힐 수 있다.

점이 우연히 맞으면(이런 우연은 생각보다 흔하게 일어난다) 사람들은 놀라서 용하다고 열심히 선전하고 다니므로 저절로 광고가 된다. 점이 틀리더라도 문제는 전혀 없다. 불량 상품을 만들면 처벌받고 서비스가 나쁘면 항의를 받지만 사람들은 자비롭게도(?) 틀린 점은 당연하다는 듯이 잊어버린다. 점이 틀렸다고 찾아가서 항의했다는 얘기는 들어본 적이 없다. 점이 너무 심하게 틀리더라도 다음의 예와 같이 그저 개인적인 웃음거리로 남을 뿐이다.

"지금까지 쉬쉬하다가 여기서 처음 밝히는 얘기지만, 그(시인 고은)와 나(작가 이문구)는 한때 볼썽사나운 속된 취미 한 가지를 즐긴 적이 있다. 말하건대 어디에 '용하다'는 집이 있으면 체면도 위신도 없이 찾아가서 돈 내고 물어보는 일이었다.

하루는 일초—超(고은의 法名) 댁의 술판이 길어져 하릴없이 앉은 자리에서 자고는 또 식전부터 본병이 도져 그를 꾀송꾀송 꼬드겨서 물어볼 일도 없이 택시로 물어보러 가게 되었는데, 정장 차림의 50대 도사는 일초의 사주를 한참 연구하더니 이윽고 무릎을 탁 치며 하는 말이, '조오타! 좋아! 이젠 됐소. 올부터는 평생 탄탄대로에 관운官運도 대통이오.' 도사는 축하 인사를 겸하여 같은 말을 서너 축이나 되풀이하는 것이었다. 우리는 웃으면서 나오고 나오면서 웃었다. 하루도 성한 날 없이 관재官災에 부대껴온 시인더러 난데없이 관운 대통이라니….내가 낸 것은 아니지만 복채가 아까웠다. 그런데 그는 그 관운대통의 축사를 듣고 두어 달포도 안 되어 5 · 17로 감옥을 차지하게 됐다. 이어서 징역 15년. 생각할수록 우스운 관재대통이었다."[13]

22
사이비 치료법은 왜 성행하는가?

감기에 대한 우스갯소리가 있다. 감기란, 특히 독한 감기몸살은 약으로 적절히 치료해야 하며, 치료를 하면 7일 내에 낫는다. 그러나 감기란, 특히 독한 감기몸살이라도 별 치료법이 없으며 그냥 내버려두어도 길어야 1주일 정도 앓다가 낫는다는 것이다.

감기가 아닌 다른 질병도 어느 정도는 이러한 특성을 갖는 것이 아닐까? 파울로스 교수는 그의 책 《수문맹Innumeracy》에서 다음과 같은 몇 가지 이유 때문에 의학은 돌팔이 치료, 민간치료법, 신앙요법 등이 판치기 쉬운 비옥한 터전이라고 밝히고 있다. 그의 말을 옮겨보자.

“의학은 다음과 같은 간단한 이유 때문에 사이비 과학이 판치기 쉬운 비옥한 터전이다. 대부분의 질병과 몸 상태는 (a)저절로 치유되거나 (b)자기 한계를 가지며 (c)설사 치명적이라 하더라도 갑자기 심하게 악화되며 진행되지는 않는다. 따라서 어떤 경우에라도 개입해 치료하는 것은 그 치료가 아무리 가치 없는 것이라 할지라도 아주 효험 있는 치료가 될 수도 있다. 당신이 사기 의료행위를 하고 있는 사이비 치료사의 입장이라면 이런 사실은 더욱 명백해진다. 어떤 질병이 일시적인 진정효과placebo뿐 아니라, 자연적으로 호전됐다가 악화되기도 한다는 사실을 이용하기 위해서는 환자의 병이 악화되고 있을 때 당신의 사이비 치료를 시작하는 것이 제일 좋다. 그렇게 되면 치료 후에 일어나는 상황은 당신의 훌륭하고, 아마도 값비싼 진료 때문이라고 여겨질 것이다. 환자의 병이 호전된다면 당신의 치료덕택이 되고, 병이 더 이상 악화되지 않는 상태라면 당신의 치료가 병의 악화를 막은 것이 된다. 반대로 환자의 병이 악화되면 치료의 강도와 약 투여량이 충분치 않았던 것이며, 만일 환자가 죽는다면 당신에게 너무 늦게 온 것이 된다. 어떤 경우에도 당신의 치료가 성공적이었던 몇 번의 사례는 잘 기억될 것이고, 문제의 질병이 자기 한계를 가졌다면 이런 예가 적지 않을 것이다. 반면에 실패한 것들은 대부분 잊혀지고 묻혀질 것이다. 어떤 치료를 하더라도 약간의 성공 가능성이 확률적으로 보장되는 것이다. 다른 어떤 '기적적인 치료법'이 없는 질병이라면 당신의 (사이비)치료법은 하나의 기적이 될 것이다."

이 글을 읽으면 많은 민간요법가나 신앙요법가 등이 왜 저마다의 주장을 높이 외치면서 활개를 치는지 이해가 된다. 물론 그들의 주장에는 어느 정도 설득력 있는 근거가 있는 경우도 있다. 그러나 문제는 많은 수문맹자들이 그들의 주장을 무조건적으로 믿기도 한다는 사실이다. 객관적인 측면에서 그들의 주장을 의심해 보는 자세를 가져야 한다. 그들의 주장 속에 숨어 있는 허점을 찾아내는 것만이 사이비과학의 해독을 줄이고 참 과학이 설 땅을 더욱 넓힐 수 있다. 민간요법가 중에는 어떤 병에 걸렸다가 그 병을 자기 나름대로의 방법으로 극복해 그 방법을 주장하는 경우가 많다. 암에 걸렸던 사람, 여러 병으로 몸이 거의 망가졌던 사람들이 자기 자신이 실제의 예가 되어 자기만의 치료요법을 외친다. 10여 년 동안 해당 분야를 전공한 의사들보다 그런 사람들이 더 전문가인 것처럼 행동하고 사람들은 그 주장에 귀를 기울인다.

그러나 질병은 저절로 낫기도 하는 것이다. 어떤 불치의 병에 걸린 많은 사람 중에서 소수의 사람들은 저절로 병이 치유되는 것이 확률의 법칙이다. 각종 암에 걸렸다가 나은 사람의 예는 수도 없이 많으며 에이즈AIDS 바이러스에 감염이 된 사람들 중에도 잠복 기간(10년 내지 15년)이 지난 후에도 발병이 되지 않아 정상인처럼 건강한 생활을 하는 사람들이 있다. 이들이 의학적 연구 대상이 되기도 한다. 심지어 엄마의 뱃속에서 에이즈에 감염되었던 아기가 몇 년 후 자연적으로 치유된 경우도 있다. 이처럼 의학이 발달된 현대에도 아직 암을 비롯한 많은 질병의 원인을 정확히 모르고 있으며, 따라서 확실한 치료 방법도 모른다. 불치병으로부터 소생한 사람들은 그 이유에 대해 저마다 개인적인 설명과 이론을 만들어내지만

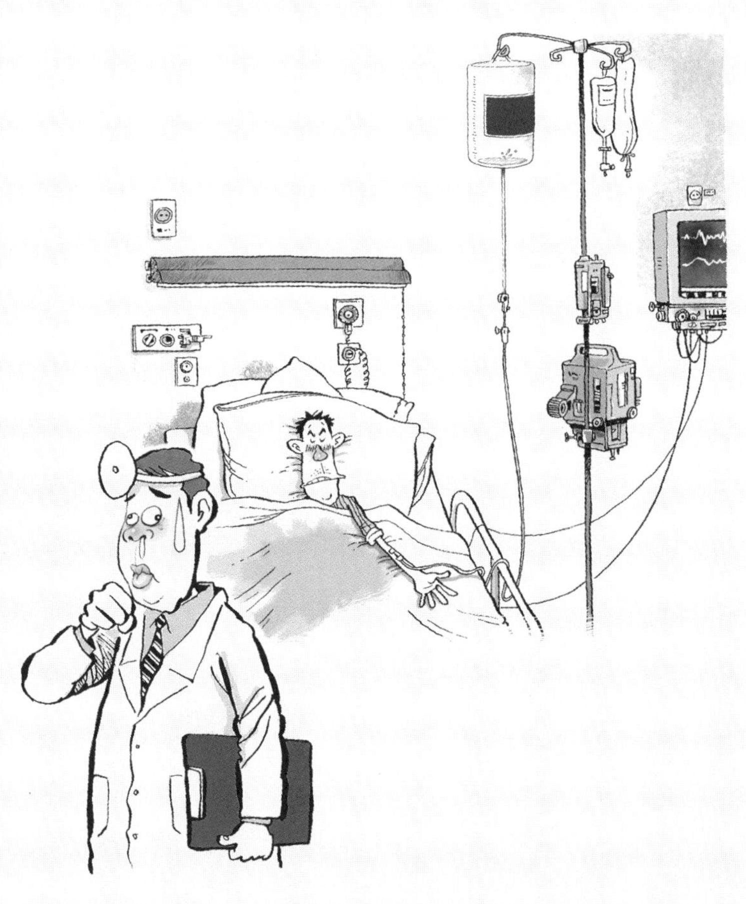

어떤 병의 원인과 그에 따른 치료법이 확실치 않은 경우가

의학이 발달한 현대에도 많다. 따라서 사이비 치료요법이 활개칠 공간은 많다.

객관적인 시각을 가져야만 그들의 주장 속에 숨어 있는 함정에 빠지지 않을 것이다.

그 대부분이 틀린 것들이다.

빡빡 깎은 머리로 유명한 율 브린너라는 배우는 골초로 유명한데, 그는 폐암으로 죽었다. 그가 죽기 며칠 전 촬영한 금연공익광고가 미국 TV에 한동안 방영된 적이 있다. 죽음을 앞둔 초췌한 모습의 율 브린너가 "(인생에서) 무엇을 해도 좋지만 담배만은 피우지 마라!Whatever you do in your lives, just don't smoke!"고 절실히 호소하는 장면은 흡연가들에게 경종을 울렸다. 그러나 흡연이 폐암의 결정적 원인인지 여부에 대해서는 아직 확언하지 못하는 것이 사실이다. 매일 세 갑의 담배를 피우는 사람이 폐암에 걸렸다면, 그 병이 흡연에서 온 것일 가능성이 당연히 높다. 그러나 담배골초들이 100% 모두 폐암에 걸리는 것은 아니다. 장수를 하는 심한 골초인 사람도 많고, 심한 골초인 사람이 나이가 들어 사망하더라도 흡연과 상관없는 병이 원인인 경우도 많다. 더욱이 폐암에 걸린 사람 중에 15%는 한 번도 흡연한 적이 없는 사람들이라고 한다. 이처럼 어떤 병의 원인과 그에 따른 치료법이 확실치 않은 경우가 의학이 발달한 현대에도 많다. 따라서 사이비 치료요법이 활개칠 공간은 많다. 객관적인 시각을 가져야만 그들의 주장 속에 숨어 있는 함정에 빠지지 않을 것이다.

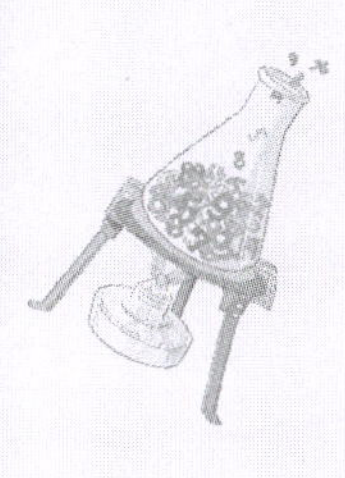

CHAPTER 4

알쏭달쏭, 현란한 눈속임의 통계들

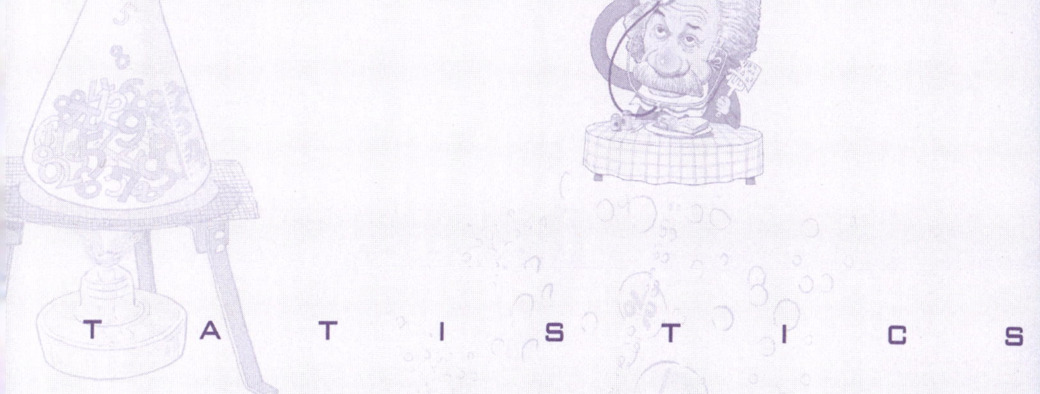

23

입학시험에서 남녀차별,
있다 vs. 없다

1973년 미국에서 실제로 벌어진 일이다. 당시 여성단체들이 버클리 대학 대학원 입학허가에서 남녀차별이 있었다는 주장을 강력하게 제기했다. 이로 인해 버클리 대학 당국은 곤욕을 치러야 했다. 여성단체에서는 그들의 주장을 입증할 자료로 대학원 전체의 남녀 학생 합격률 차이를 제시했다. 남학생과 여학생의 합격률 차이는 표 1과 같았다.

대학원 전체의 남녀 합격률을 보면 남학생이 52.0%, 여학생은 그보다 훨씬 낮은 42.0%였다. 여성단체들은 이 결과를 제시하며 입학허가에서 여자들이 남자에 비해 상대적으로 불이익을 받았다고 주장했다. 과연 그럴까? 대학 당국은 대학원 입학시험에서 여성에 대한 차별은 결코 없었다

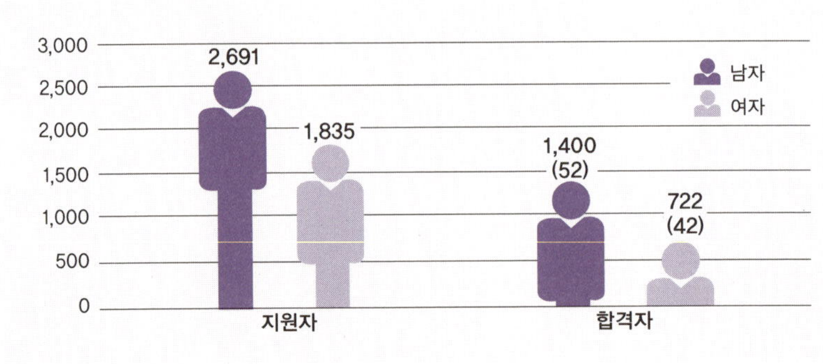

고 강력하게 항변했다. 대학측은 그 근거로 대학원 6개 분야별 남녀 합격률을 제시했다(표 2 참조).

대학원의 6개 분야별 남녀 합격률 자료를 보면 A, B, F 분야에서는 여학생의 합격률이 남학생보다 높고 C, D, E 분야는 남녀의 합격률이 비슷했다.

분야별 자료를 보면 여성 차별 주장이 무색할 정도로 남학생 합격률이 여학생보다도 낮았다. 하지만 전체적으로는 여성 합격률이 42.0%로 남성의 52.0%보다 훨씬 낮았기 때문에 여성 차별의 논쟁이 벌어졌던 것이다. 이렇게 부분의 분석이 전체의 결과와 일치하지 않는 것을 '심프슨의 역설 Simpson's paradox'이라고 한다. 이 사례는 심프슨 역설의 전형적인 예로 많이 거론된다. 이런 결과가 나온 이유는 무엇일까. 원인은 분야별 지원자 수의 차이에 있었다. 합격률이 60% 이상으로 높은 A, B 분야에서 남학생 지원자 수는 1,385명이었던 반면, 여학생 지원자 수는 133명에 불과했다.

① 남자

분야	지원자	합격자	합격률
A	825	512	62.1%
B	560	353	63.0%
C	352	120	36.9%
D	417	138	33.1%
E	191	53	27.8%
F	373	224	60.1%
합계	2,691	1,400	52.0%

② 여자

분야	지원자	합격자	합격률
A	108	89	82.4%
B	25	17	68.0%
C	593	202	34.1%
D	375	131	34.9%
E	393	94	23.9%
F	341	239	70.1%
합계	1835	772	42.0%

합격률이 높은 분야에 남학생 지원자들이 훨씬 많았던 것이다. 반대로 여학생들은 합격률이 30% 내외에 불과한 C, D, E 분야에 많이 몰렸다. 이 때문에 전체적으로 볼 때는 여학생 합격률이 낮게 나타난 것이다.

심프슨의 역설은 동일하지 않은 가중치를 적용함에 따라 부분에 대한 분석 결과와 전체에 대한 분석 결과가 일치하지 않는 현상을 말한다. 이는 가중평균으로도 설명할 수 있다. 예를 들면 남학생 전체 합격률은 각 분야별 합격률에 지원자 수를 고려한 가중치(분야별 남학생 지원자÷전체 지원자 수)를 곱한 가중평균으로 구한다. 여학생 전체 합격률도 이 같은 방식으로 구할 수 있다. 이때 분야별 지원자의 크기가 다르면 서로 다른 가중치를 적용하기 때문에 부분의 합격률과 전체의 합격률이 일치하지 않는 현상이 생기는 것이다.

집단 크기에 따른 가중치 고려해 계산을…

집단 A의 구성원이 3, 4, 5, 8의 수치를 가졌고 집단 B는 5, 6, 7, 8, 10의 수치를 가졌을 때 두 집단의 평균은 각각 5와 8이 된다. 이때 두 집단을 합친 전체 집단의 평균을 (5+8)/2= 6.5로 계산하면 안 된다. 이런 식으로 전체 집단의 평균을 계산하면 각 집단의 크기가 다르다는 사실이 무시된다. 따라서 올바른 방법은 각 집단의 평균을 그 집단의 크기로 가중해서 구해야 하는데, 이를 가중평균이라고 한다. 집단 A의 가중치는 4/(4+5)가 되고 집단 B의 가중치는 5/(4+5)가 되므로 전체 집단의 평균은 4/9×5+5/9×8=6.8이 된다.

비율에 대한 가중평균의 예를 들어보자. 상류층에서 애완견을 기르는 가구의 비율이 40%이고 중산층 이하에서는 20%라고 할 때 전체 가구 가운데 애완견을 기르는 가구 비율은 (40+20)/2=30%가 아니다. 전체 가구에서 상류층과 중산층 이하 가구가 차지하는 크기로 가중평균을 내야 한다. 상류층의 비중이 15%이고 중산층 이하가 85%라면 전체 가구 중 애완견을 기르는 가구의 비율은 0.15×40%+0.85x20%=23%가 된다.

심프슨의 역설은 동일하지 않은 가중치를 적용함에 따라 부분에 대한 분석 결과와 전체에 대한 분석 결과가 일치하지 않는 현상을 말한다.

어느 학과 입학사정 결과를 보면 남녀의 합격률은 각각 50%로 차이가 없다(도표 A 참조). 하지만 전체적으로는 합격률에 있어 남녀 간 차이가 있는 것처럼 보인다(도표 B 참조). 부분의 합과 전체의 결과가 일치하지 않는 이유는 남학생 합격률이 높은 A학과에 여학생보다 더 많이 지원했고, 여학생들은 합격률이 낮은 B학과에 남학생보다 더 많이 지원했기 때문이다. 전체로 볼 때는 남녀학생 간 합격률이 다르게 나타난다.

도표 A

	응시자 수	합격자 수	합격률
A학과			
여자	50명	25명	50%
남자	100명	50명	50%
B학과			
여자	100명	30명	30%
남자	50명	15명	30%

도표 B

	응시자 수	합격자 수	합격률
여자	150명	55명	37%
남자	150명	65명	43%

<h1 style="text-align:center">24
'2년생 징크스'의 진실</h1>

흔히들 야구가 확률의 경기라고 말한다. 이 말이 과연 맞을까. 야구에서는 확률적 분석이 작전을 펼치는 데 많이 고려된다. 어느 경기의 7회 초, 한 선수가 그의 네번째 타석에 나섰다고 가정하자. 이 선수는 3할 대의 타자인데 이전 세 타석에서 모두 범타로 물러났다. 이때 해설자는 이런 말을 한다.

"네, 이 선수는 잘 치는 선수지요. 오늘 시합에서 세 번 모두 안타가 없었으니까 이제는 한 방 나올 때가 되었어요. 네, 이번에는 투수가 이 선수를 조심해야 해요."

그러나 3할 대 타자란 말이 타자가 3타석마다 안타를 때린다는 의미는 아니다. 오랫동안 안타를 때리지 못하기도 하고, 연속으로 안타를 때리기도 하는 것이다. 딸 다섯을 낳았다고 다음 아이가 아들이 아니듯이 지금까지 안타가 없다고 이번에 안타를 때리는 것은 아니다. 반대의 상황을 생각해 보면 더욱 재미있다. 이번에는 이 타자가 이전 세 타석에서 모두 안타를 때렸다고 가정하자. 그러면 해설자는 다음과 같은 말을 해야 일관성이 있는 해설이 된다.

"네, 이 선수는 3할 대 타자인데 오늘 경기에서 지금까지 세 번 모두 안타를 쳤으니까, 이제는 범타로 물러날 차례입니다. 네, 투수는 이 선수를 조심할 필요가 없지요."

그러나 이런 식으로 말하는 해설자는 물론 없다.

거의 전부가 "네, 이 선수 오늘 잘 맞고 있지요. 투수는 이 선수를 정말 조심해야 됩니다"라고 해설한다.

3할 대 타자란 타석에 들어설 때마다 안타를 때릴 확률이 3할 대인 타자를 말한다. 그 이상도 이하도 아니다. 물론 해설자의 말이 틀리기도 하고 일관성도 없지만 중계를 지켜보는 시청자들이 그의 타석마다 긴장하며 시청하도록 만드는 데에는 효과가 있을 것이다.

야구에서 타율을 해석하는 것과 유사한 농담이 있다. 심각한 병으로 수술을 받게 된 환자가 담당 의사에게 수술이 성공해서 살아날 확률이 얼마냐고 물었다. 의사는 이 수술이 성공할 확률은 1%밖에 되지 않는다고 답했다. 크게 실망한 환자에게 의사는 의외로 밝은 표정으로 말했다.

"걱정 마세요, 당신은 틀림없이 살아날 테니. 수술이 성공할 확률이 1%밖에 되지 않지만 지금까지 내가 수술한 99명의 환자가 모두 죽었으니

100번째 환자인 당신은 틀림없이 살아날 거요.”

의사의 말이 왜 옳지 않은지 반복해서 설명할 필요는 없을 것이다.

다시 반대의 경우를 생각해 보자. 만일 이 의사가 수술한 첫번째 환자가 살아났다면 어떤 일이 그 다음에 벌어질까? 이 의사는 다음에 수술 받을 환자들은 당연히 모두 죽을 것이라면서 수술을 거부할지도 모른다. 그러나 환자들에게는 제각기 1%의 성공 확률이 있는 것이다.

프로야구에서 자주 등장하는 말 중에는 ‘2년생 징크스sophomore syndrome’ 라는 말이 있다. 이게 무슨 뜻이냐 하면 루키 시즌rookie season 에, 즉 프로야구에 데뷔한 첫 해에 뛰어난 성적을 낸 신인 선수가 2년째에는 대부분 저조한 성적을 내는 것을 말한다. 그러나 이 같은 징크스는 프로야구뿐 아니라 다른 스포츠에서도 역시 존재한다. 어떤 사람들은 이런 사실에서 선수들의 실력이 평준화되는 경향이 있다고 결론을 내린다. 그러나 그런 결론은 틀린 것이다(이를 회귀의 오류라고 한다). 그렇다면 이런 현상을 어떻게 설명할 수 있을까? 2년생 징크스는 자연스러운 현상이다. 프로무대 첫 해에 뛰어난 성적을 올린 선수는 특별히 실력이 뛰어났거나 아니면 운이 잘 따랐을 것이다. 운이 많이 작용한 선수는 다음 시즌에서는 좋은 운이 계속해서 일어나기 어려우므로 그렇게 두각을 나타내기 힘들다. 이런 선수가 겪는 일을 2년생 징크스라고 부른다. 실력이 작용한 선수들은 다음 해에도 좋은 성적을 낸다. 하지만 그 성적이 지난 시즌만 못하면 역시 2년생 징크스라고 불릴 것이다. 대부분의 스포츠는 실력과 운이 따라야 두각을 나타낼 수 있다. 따라서 첫 해에 스타로 떠오른 대부분 선수가 2년생 징크스를 자연스럽게 경험한다. 그야말로 천부의 자질이 있는 선수는 2년생 징크스에 해당되지 않을 수도 있다. 또한 운이 전혀 작용하지 않는 스포츠에서도 2년생 징크스는 없을 것이다. 그러나 그런 선수는 매우 드물고, 또한 어느 스포츠에서나 정도의 차이는 있겠지만 운이 작용한다.

어느 스포츠에서나 어떤 해에 상위 10위권에 들었던 선수들의 성적을 다음 해와 비교해 보면 전년도 성적보다 좋지 않은 것이 보통이다. 그러나 2년생 징크스는 반대의 경우에도 작용한다. 즉 운이 나빠서 성적을 제대로 내지 못했던 선수가 다음 해에 더 나은 성적을 내는 것이다. 고졸 연습생으로 프로에 겨우 들어와서 크게 두각을 나타내는, 이른바 고졸 연습생의 신화라는 것도 2년생 징크스의 반대 경우로 생각해 볼 수 있다.

사업에 있어서도 어떤 해에 운 좋게도, 예를 들어 예측하지 못한 수요의 단기적인 변화로 사업이 잘 되었다면 다음 해에는 사업이 전년도만 못하더라도 새삼 놀라운 일이 아니다. 이것을 '평균으로의 회귀regression to the mean' 라고 한다. 2년생 징크스는 이처럼 자연스러운 현상으로서 평균으로의 회귀를 말하는 것이다. 그러나 사람들은 이 개념과 앞에서 말한 도박사의 오류를 자주 혼동한다. 그 차이를 간단히 설명하면 다음과 같다.

이미 3장에서 소개했듯이 도박사의 오류란 동전을 6번 던질 때 앞면이 나올 확률이 2분의 1이니까 '앞면-뒷면-앞면-뒷면-앞면-뒷면' 이 나올 확률이 '앞면-앞면-앞면-앞면-앞면-앞면' 이 나올 확률보다 높다고 판단하는 잘못이다. 그러나 평균으로의 회귀는 오류가 아닌 통계적으로 자연스러운 현상이다. 즉 동전을 100번 던져서 앞면이 80번 나왔다면 다음에 다시 100번을 던진다면 앞면이 80번 이하로 나올 확률이 그렇지 않을 확률보다 분명히 높다. 다음에 던지는 경우에는 앞면이 나올 횟수가 80번이 아니라 평균(50번)쪽으로 회귀回歸 한다.

25
깜빡 속기 쉬운 그래프의 속임수들

숫자들을 요약해 설명할 때 가장 효과적인 방법
은 숫자들을 그래프로 나타내어 사용하는 것이다. 그래프란 가로축, 세로
축, 점, 선, 숫자, 글자, 심볼 등을 복합적으로 사용하여 양적인 숫자들을
시각적으로 요약한 것이다. 그래프를 접하는 사람 입장에서 볼 때 익숙하
지 않은 많은 숫자들을 굳이 머리 써가며 생각할 필요 없이 단지 보는 것
만으로 숫자들 안에 포함된 사실을 파악할 수 있는 장점이 있다. 하지만
그래프를 그저 무비판적으로 본다면 필요한 정보를 얻기는커녕 왜곡된
결론에 도달하기 쉽다.

많은 숫자(데이터)를 그래프로 그릴 때에는 가능한 한 간단하고 생기 있
게 그래프로 전달해야 한다. 이때 중요한 것은 데이터를 단순화하면서도

"""

데이터가 지닌 중요한 정보를 정확하게 전달해야 한다는 점이다. 그래프를 그리는 것은 언뜻 보기에 매우 쉬운 듯하지만 실제로 통계도표에 속임수가 가장 많다. 이런 사실은 데이터의 단순화 과정에서 정확성을 유지하기가 어렵다는 것을 말해 준다. 즉 데이터를 너무 단순화하면 그래프를 부정직하게 그리지는 않았더라도 실제와 전혀 다른 그래프가 될 수 있다. 더욱이 그래프를 그리는 사람이 의도적으로 데이터를 왜곡하면 그래프는 사실에서 더욱 멀어지게 된다.

그래프 중에서 가장 흔한 것은 선을 이용한 선 그래프다. 선 그래프는 그리기가 쉬울 뿐 아니라, 많은 숫자 속에 숨어 있는 경향을 잘 나타내주기 때문에 데이터 분석이나 예측에 가장 많이 쓰인다. 그러나 데이터 왜곡이 가장 많이 일어나는 그래프 역시 선 그래프다. 선 그래프를 그릴 때 일어나는 잘못을 가상적인 예로 설명하겠다.

고등학교 3학년에 올라가는 나과외 군은 지난 2년 동안 족집게 과외교사로부터 영어과목 과외를 받았다. 과외교사는 매월 치른 나군의 학력고사 영어성적을 가지고 나군의 부모와 함께 3학년에 대비한 영어공부 계획을 논의하기로 돼 있다. 우선 과외교사는 나군의 그 동안 시험성적을 그래프로 나타내보았다. 우선 가로축에는 24번의 시험순서를 표시하고 세로축에는 10점 단위로 점수를 표시했다. 나군의 월별 영어성적을 표시한 뒤 선을 그어 연결했더니 다음과 같은 그림(도표 1)이 됐다.

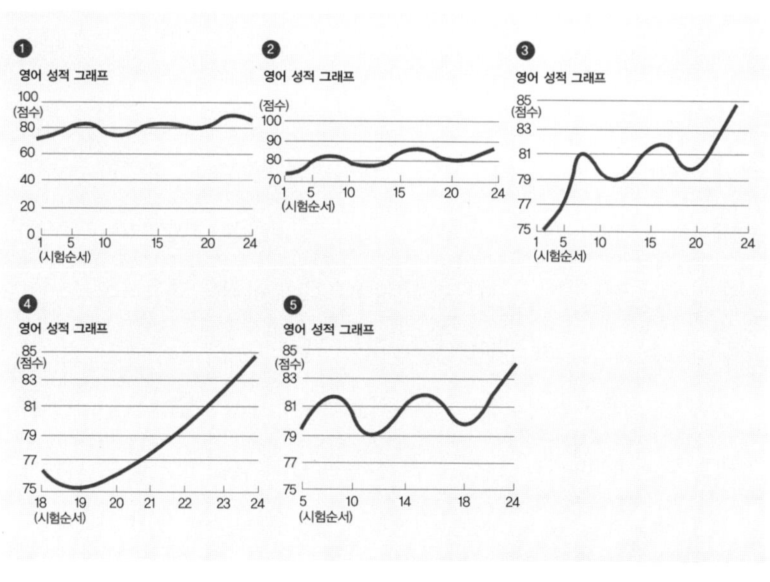

이 그래프는 지난 2년 동안 나과외 군의 영어성적이 매달 어떻게 변했는가를 잘 나타내고 있다. 가끔씩 성적이 오르내리기는 했지만 지난 2년간 전체 영어성적이 75점에서 85점으로 약 10점 상승했다. 또한 그래프의 제일 아래쪽에 0점이 표시되어 있어 점수 간 상호비교도 쉽고 한눈에 봐도 성적 변화를 전체적으로 쉽게 이해할 수 있으므로 무난한 그래프라고 할 수 있다.

이처럼 나군의 영어성적이 약간 오른 것은 사실이지만 지난 2년간 과외지도를 해온 과외교사 입장에서는 나군의 부모에게 성적 향상을 더욱 인상적으로 보이게 하고, 또 앞으로 계속 과외를 맡기도록 설득하려면 아무래도 이 그래프가 만족스럽지 못했다. 그래서 이 그래프에서 빈 공간으로 남아 있는 밑 부분을 잘라 도표 2를 만들었다. 데이터는 같으므로 똑같은 그래프가 되지만 밑 부분이 잘려나간 그래프는 도표 1 그래프보다 시각적으로 높은 효과를 불러일으킨다. 즉 어떤 속임수를 쓴 것도 아닌데 그래프가 주는 인상이 크게 달라진 것이다. 잘라진 밑 부분은 보이지 않으므로 약간의 성적 상승도 도표 2에서는 시각적으로 크게 보이는 것이다.

하지만 지난 2년간 받은 고액과외비를 생각한다면 과외교사는 새 그래프보다도 성적이 더욱 인상적으로 보이게 하는 방법, 즉 단순하지만 대단한 효과가 있는 속임수를 쓸 수도 있다. 도표 3과 같이 그래프의 세로축 눈금을 변화시킴으로써 작은 차이도 눈에 확 띄는 변화로 보이도록 하는 것이다. 세로축의 눈금이 75점에서 85점만을 나타내도록 바꾸었더니 성적 상승, 즉 과외효과가 너무나 두드러지게 나타났다. 이 그래프(도표 3)를 보이면서 "과외 덕에 성적이 10점이나 비약적으로 상승했습니다"라고 말하면 나군의 부모는 매우 만족스러워할 것이다. 수평축의 선택 역시 그래프를 그리는 사람이 강조하고자 하는 의도에 맞도록 변화시킬 수 있다. 우선 수평축의 시작과 끝의 선택에 있어서 그래프가 원하는 모양이 나오도록 자유롭게 선택한다. 과외교사가 나군의 최근 성적 변화를 보여주는 그래프가 자신에게 유리하다고 생각되면 18회 이후의 시험성적만으로 도표4와 같은 그래프를 그릴 수 있다. 과외수업의 결과로 성적이 안정적 수직적으로 상승하고 있다고 말하고 싶은 경우에 과외교사는 이 그래프(도표 4)가 적당하다고 생각할 것이다. 수평축 눈금의 변화는 데이터의 변화

정도를 원하는 의도대로 보이게 할 때 사용한다. 눈금을 촘촘하게 한다면 변화가 상하로 심하다는 인상을 줄 수 있고 그 반대의 경우에는 변화가 완만하게 진행되고 있다는 느낌을 준다.

만일 과외교사가 나군의 성적이 오르고 있기는 하지만 기복이 매우 심해서 앞으로는 좀더 집중적으로 공부할 필요가 있다고 나군의 부모를 설득하고 싶다면 어떤 그래프가 필요할까? 그래프의 수평축을 좁히기만 하면 된다. 수평축이 축소된 그래프(도표 5)는 나군의 성적 기복이 심하다는 인상을 주는 데 충분할 것이다.

이처럼 그래프의 속임수에 넘어가지 않기 위해서는 보여지는 그래프를 무의식적으로 보는 것에 그치지 않고, 그래프가 어떤 의도로 작성됐는지, 눈을 혼란시키는 속임수가 숨어 있지는 않은지 잘 판단해 볼 필요가 있다.

26
함정을 파고 있는 그래프들의 실제 사례

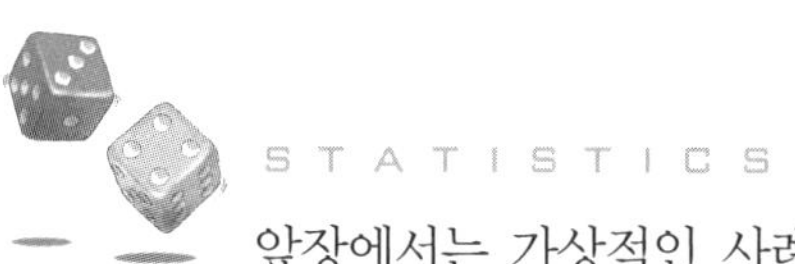

앞장에서는 가상적인 사례로 그래프가 왜곡될 수 있는 경우를 설명했다. 이번 장에서는 우리 주위에서 흔히 볼 수 있는 실제 사례들을 살펴보겠다.

[1] 첫번째 예는 가장 흔한 것으로 그래프 밑 부분을 잘라내는 것이다. 신문에 제시되는 많은 그래프가 지면 절약 등의 이유를 들어 이 방식을 선호한다. 이런 그래프는 원래의 차이를 부풀리기는 하지만 속임수가 있다고 볼 수는 없다.

화석연료란 타면서 이산화탄소를 배출하는 석탄, 석유 등의 연료를 말한다. 화석연료에서 배출된 이산화탄소는 온실효과에 따른

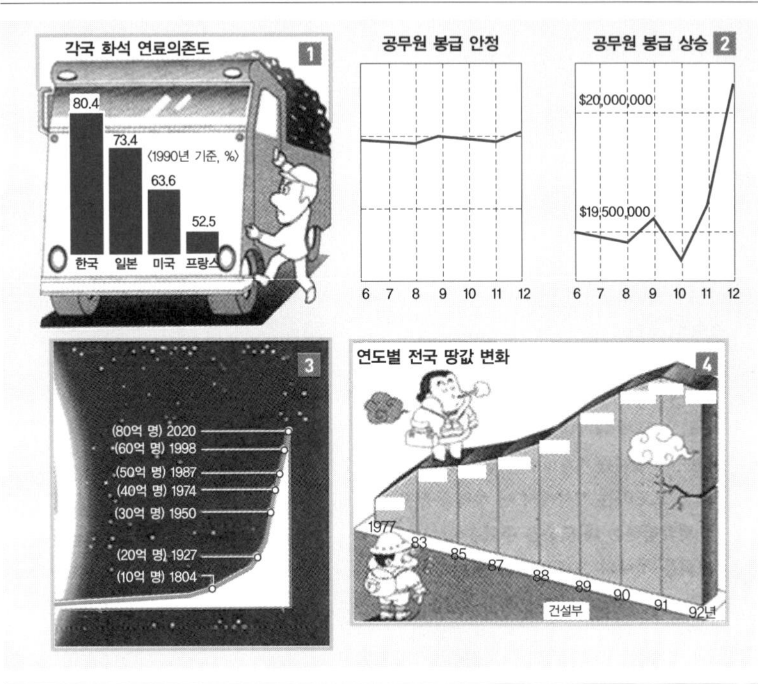

지구온난화의 주범으로 지목되고 있다. 1번 그래프는 지구환경보호를 위한 화석연료 사용 억제에 관한 기사에서 각국의 화석연료 의존도를 나타낸 것이다. 프랑스는 의존도가 매우 낮은 52.5%이고 한국은 80.4%로서 프랑스에 비해 한국의 화석연료의존도가 높은 편이다. 하지만 밑이 잘린 그래프에서는 나라별로 그래프의 높이로 언뜻 판단하면 한국의 의존도가 프랑스에 비해 무려 7배 정도 높은 것 같은 인상을 주고 있다. 그래프의 밑 부분(0%에서 50%까지)을 생략하면 이처럼 국가 간의 차이가 인상적으로 부풀려지기 때

문에 이 그래프는 우리나라가 지구온난화에 크게 기여(?)하고 있다
는 인상을 준다. 하지만 실제로 전체 화석연료의 사용량에 있어서
한국은 미국, 프랑스, 일본보다 훨씬 적다.

[2] 이 그래프는 대럴 허프Darrel Huff가 쓴 《새빨간 거짓말, 통계How To
Lie With Statistics》이란 책에 제시된 것으로 세로축의 눈금을 바꿈으로
써 공무원의 봉급이 수직상승하고 있는 것처럼 그릴 수도 있음을
보여준다. 1937년도 미국 공무원의 총 급여액이 1,950만 달러에서
2,000만 달러로 불과 4% 증가했는데(왼쪽 그래프), 눈금이 바뀐 오른
쪽 그래프에선 무려 400% 증가로 과장되어 공무원 봉급이 급상승
하고 있다는 잘못된 인상을 제공한다. 똑같은 자료를 가지고도 오
른쪽 그래프로는 공무원 봉급이 급상승 중이라고 주장할 수도 있는
것이다. 그래프를 그리는 사람이 우선 지켜야 할 사항은 그래프 눈
금의 크기를 일관성 있게 유지하는 것이다. 그러나 신문지면에 등
장하는 그래프에서조차 이런 기본 원칙이 지켜지지 않는 경우가 있
음을 세 번째 그래프를 통해 알 수 있다.

[3] 미국의 주요 일간지 가운데 하나인 〈필라델피아 인콰이어러The
Philadelphia Inquirer〉에 실린 그래프다(1954. 9. 4). 이집트의 카이로에
서 열린 세계인구회의에 관한 기사에서 빠르게 증가하는 세계 인
구를 그래프로 나타냈다. 수직 축은 10억 명 단위로 눈금이 표시되

어 있는데, 모두 같아야 할 한 눈금(10억 명)의 높이가 제각각이다. 더욱이 그래프 위쪽의 60억 명에서 80억 명 사이의 두 눈금의 높이가(20억 명) 중간 부분 20억 명에서 30억 명의 한 눈금 높이(10억 명)와 비교했을 때 3분의 1밖에 되지 않는다.

[4] 이 그래프는 1977년 이후 땅값의 변화를 나타낸 것으로 만든 사람의 고민(?)과 창의력(?)이 그대로 드러나 있는 그래프다. 1992년 전국의 땅값(지가지수로 표현)은 1975년을 100이라 할 때, 14.8배가 올랐고, 10년 전인 1982년에 비해서는 400%, 5년 전인 1987년에 비해서는 230%가 올랐다. 그러나 땅값은 1975년 이후 처음으로 1992년에는 전년 대비 1.3% 하락했다. 사두기만 하면 오른다는 부동산의 신화가 깨지기 시작하고 있다는 내용의 기사에서 그 사실을 그래프로 크게 부각하고 싶었을 것이다. 하지만 그 동안 매년 20% 정도의 높은 상승률에 비해서 1991년과 1992년 사이의 1.3% 하락률은 미미할 정도로 작은 것이 문제였다. 제대로 그래프를 그린다면, 즉 같은 눈금을 유지한다면 1.3%의 하락은 거의 눈에 띄지 않을 것이다. 따라서 편법을 써서 만든 것이 4번 그래프다.

그래프에는 1980년대의 지속적인 땅값 상승이 잘 나타나고 있을 뿐 아니라 1991~92년 사이의 소폭의 하락(1.3%)도 적당히 눈에 두드러지게 나타나 있다. 주의해서 보아야 할 것은 바로 1992년도에는 수직 축이 절단되어 있다는 사실이다. 수직 축의 절단표시는 아마도 그래프의 밑 부분이 잘렸거나 눈금의 크기가 바뀌었음을 나타내는 창의적(?) 의도일 것이다. 즉 1991년까지의 눈금에 비해 1992년에는 작은 차이도 크게 나타나도록 눈금을 바꾼 것이다. 물론 땅값의 첫 하락을 크게 보도하는 기사 속에서 이를 두드러지게 하는 이 그래프가 기사를 뒷받침하는 데 도움을 주었을 것이다. 하지만 하나의 그래프 안에서 땅값의 변화를 나타내는 데 연도별로 다른 눈금을 사용하는 것은 그래프 만드는 사람에게 허용된 권한을 벗어나는 것이다. 하긴 땅값 상승이 당연시되던 시기에 소폭이나마 하락했으니 좋은 기사 감이고 그래프도 그 변화를 잘 보여주도록 창의적(?)으로 만들어졌지만 그래프 자체는 모범적이지 않으며 올바른 비교를 하지 못하고 있다.

그래프를 만드는 사람의 창의력은 데이터의 본질을 파악하고 그 안에 있는 중요한 변화와 크기를 그대로 전달하는 데 발휘되어야지 억지로 눈금이나 축을 변화시켜 본래의 차이를 과장하는 데 써서는 안 될 것이다.

이상에서 살펴본 바와 같이 그래프를 보는 사람의 입장에서 그래프(특히 선 그래프)의 공정성을 평가하려면 두 가지 질문을 던져야 한다.

첫째, 그래프가 전체 그림을 보여주는가 하는 것이다. 그래프의 밑 부분이 잘려 있는지, 축을 변화시킨다면 전혀 다른 인상을 주는 그래프가 될 수 있는지, 데이터를 왜곡하지 않고 바른 모양을 나타내는 그래프는 어떤 것인가 등을 반문해야 한다. 축이 무엇을 나타내는지 표시가 안 된 그래프는 데이터를 의도적으로 과장하거나 속이기 위한 것이 대부분이다.

둘째, 눈금이(특히 수직 축의) 과장되어 있지 않은가 하는 물음이다. 과장된 눈금은 잘못된 인상을 독자들에게 강요하는 경우가 많다.

그러면 과장되지 않은 적절한 눈금이란 어떤 것일까? 그 답은 데이터에 포함된 중요한 차이나 흐름의 변화를 꼭 보여주어야 하는 동시에 별로 중요하지 않은 것들이 과장되지 않도록 눈금을 정하는 것이다. 따라서 적정한 눈금의 크기를 정하는 것은 그래프를 만드는 사람의 데이터 본질에 대한 이해와 경험에 의존하게 된다.

27
그럴 듯한 숫자놀음

어떤 숫자를 작게 보이게 하고 싶으면 큰 수를 기준으로 퍼센트를 구하면 되고, 반대로 그 숫자가 크다는 인상을 주려면 작은 수를 기준으로 퍼센트를 계산하면 된다. 가상적인 예를 들어 설명하겠다.

우리나라에서는 지난 5년 동안 매년 약 1만 명이 교통사고로 사망했다. 자동차운행을 법적으로 엄격히 통제해야 한다고 주장하는 사람들이 이 숫자를 크게 보이게 하려면 작은 기준을 골라 퍼센트로 표시하면 된다.

– 우리나라에서는 연간 1만 명이 교통사고로 죽어가고 있다. 이 같은

희생자 숫자는 2만 명 수준의 작은 도시 전체 인구 기준 50%에 달한다. 따라서 자동차 운행을 엄격히 법적으로 통제하는 것이 시급한 일이다.

반면에 자동차운행의 법적 통제에 반대하는 사람들은 큰 수를 기준으로 삼아 사고 퍼센트를 낮출 수 있다.

– 우리나라에서는 연간 1만 명이 교통사고로 죽어가고 있다. 이는 전체 국민의 약 0.002%에 해당하는 것으로 자동차 운행을 엄격히 법적으로 통제하는 것은 자동차의 효용을 생각할 때 성급한 일이다.

마찬가지로 어떤 회사의 이익도 그 기준을 달리하면 크기가 다른 퍼센트로 만들 수 있다. 매출액에 대한 이익, 투자액에 대한 이익 등 여러 가지 중에서 의도에 맞는 것을 골라 쓰면 된다.

이익을 낮춰 보이게 하려는 사장의 입장에서는 큰 수를 기준으로 한 퍼센트를 제시하려 하고, 월급 인상을 요구하는 노동조합측에서는 작은 수를 기준으로 이익의 퍼센트를 높이려고 할 것이다. 기준을 유리하게 바꾸어 상반된 인상을 강요하는 경우에는 퍼센트 크기 자체에 너무 비중을 두지 말고 상반된 주장 자체의 논리성이나 합리성에 근거하여 판단해야 한다.

퍼센트는 원래의 두 숫자의 상대적 크기를 비교하는 데 초점을 둔 정보로 인식되어야지 원래의 숫자를 대신하는 것으로 받아들여서는 안 된다.

둘을 비교하는 경우 둘 사이의 차이는 일정하더라도 둘 중 어떤 것을 기준으로 삼느냐에 따라 퍼센트가 달라진다. 예를 들어 나의 몸무게가 50kg이고 키가 같은 남동생의 몸무게는 80kg이라고 하면 그 차이는 30kg이지만 누구를 기준으로 하느냐에 따라 퍼센트는 달라진다.

나 기준 : 내 동생은 나보다 60%가 무겁다.
동생 기준 : 나는 내 동생보다 38%가 가볍다.

두 표현은 모두 적절한 것이며 어느 것을 사용해도 된다. 아마 비만을 강조하기 싫은 동생은 둘째 표현의 퍼센트를 이용해 "형은 나보다 38% 가볍다"고 말하는 편이 분명 유리할 것이다.

예측이 아주 정확하다고 눈가림하는 속임수의 예를 들어보자. 현재 1,000만 원의 매출을 올리고 있는 회사가 내년에는 1,100만 원의 매출을 올릴 것이라고 예측했는데, 실제로는 1,050만 원의 매출을 올린 경우, 예측의 정확도는 어떻게 계산하는가? 정직하게 계산한다면 100만 원 증가를 예측했는데, 50만 원만 증가했으므로 예측의 정확도는 50%라고 해야 할 것이다. 그런데 예측의 정확도를 크게 보이게 하려면 1,100만 원을 예측했는데 1,050만 원을 달성했으므로 정확도는 1050/1100=0.95, 즉 95%의 정확도를 달성했다고 우기고 싶을 것이다.

스탈린이 이용한 것이 바로 이와 같은 속임수였다. 스탈린은 제1차 5개년계획(1928~32년)이 끝난 후, 그 계획이 93.7%의 목표를 달성해 큰 성공을 거두었다고(그래서 공산주의체제가 우월하다고) 대내외적으로 선전했다. 그러나 유진 라이온스Eugene Lyons가 자신의 저서 《잃어버린 노동자의 천국Workers' Paradise Lost》에서 지적했듯이 93.7%의 목표 달성률은 숫자놀음에 지나지 않았다. 철강 생산의 경우 420만 톤에서 5년 후에는 1,030만 톤 생산을 목표했는데(610만 톤 증가 예측), 실제로는 590만 톤 생산에 그쳤다. 따라서 목표 달성률은 실제 증가한 양(590−420＝170)을 목표 증가량(610)으로 나눈 28%가 정직한 수치다. 그러나 스탈린은 1,030 목표에 590을 달성했으므로 목표 달성률은 590/1,030, 즉 57%라고 발표했다. 이런 식으로 계산한다면 철강 생산이 하나도 증가하지 않았어도(420) 목표 달성률은 420/1,030로 약 40%가 될 것이다. 이러한 숫자놀음으로 경제 성장을 부풀렸지만 이는 곧 공산주의 경제체제 붕괴가 시간문제라는 사실을 암시해 주었다.

퍼센트는 숫자의 상대적 크기를 비교하는 데 유용한 것이지만 퍼센트 자체는 마음대로 더할 수 있는 것이 아니다. 그러나 종종 퍼센트를 더해서 엉뚱한 결론을 내는 경우가 있는데, 수문맹들에게는 이런 엉터리 논리도 그럴듯하게 들린다. 다음의 예를 읽고도 이상하다는 느낌이 생기지 않는다면 퍼센트를 합쳐도 괜찮다는 착각에 빠진 것이다.

"이번 토요일에 비가 올 확률은 50%이고 일요일에 비가 올 확률도 50%이므로 이번 주말에 비가 올 확률은 100%다."

"이 상품은 80% 할인 중이다. 지난주에 40% 세일했는데, 이번 주에 다시

40%를 더 할인했다.”

“이번 회식비용은 30% 할인된 것이다. 식사값이 15% 할인되었고 술값도 15% 할인되었기 때문이다.”

40%에 40%를 더하더라도 80%가 되지는 않는다. 그 이유는 기준이 달라지기 때문이다. 즉 100원짜리를 40% 할인하면 60원이 되고 다시 60원에서 40%를 할인하면 36원이 되므로 총 할인율은 100원짜리가 36원이 되었으므로 64%가 되는 것이다. 식사값이 15% 할인되고 술값이 15% 할인됐다고 전체 회식비가 30% 할인된 것은 아니고 여전히 15%가 할인된 것뿐이다. 예를 들어 어떤 주부가 시장에서 5가지 채소를 샀는데, 채소들이 작년에 비해 각각 10%씩 올랐다면 그 합은 50%가 되지만 채소값은 작년에 비해 50% 오른 것이 아니라 10% 오른 것이다. 이처럼 퍼센트를 엉터리로 사용하는 것은 수문맹뿐 아니라 지식인들도 빠지기 쉬운 착각이다. 〈뉴욕 타임즈 북 리뷰New York Times Book Review〉에 실린 아래의 기사가 그 사실을 입증해 준다.

책값은 올라가는데도 저자의 수입이 제자리를 하는 이유는 책의 제작비와 원료비의 상승 때문인 것 같다. 비용 항목별로 보면 시설비와 생산비만 해도 지난 10년 동안 10~12% 정도 상승했으며, 원료비는 6~9%, 판매 및 광고비용은 10%나 올랐다. 이들 인상분을 합하면 최하 33%(어느 한 출판사의 경우)이고, 이보다 소규모의 출판사에서는 거의 40%나 된다(Huff,

Darrell(1954), *How to Lie with Statistics*, New York : W.W. Norton & Company Inc. 113쪽에서 인용).

퍼센트는 기준량을 100으로 보았을 때 비교하는 양의 상대적 크기를 나타내는 것으로 2개 또는 그 이상 숫자의 상대적 크기를 명확하게 하기 위해 주로 사용된다. 먼저 기준이 되는 숫자를 100으로 만들고 다른 숫자를 100에 대한 비율의 숫자로 바꾸면 상대적 크기를 한눈에 알아볼 수 있다. 예컨대 A회사가 한해 지출하는 비용이 3억 2,134만 5,000원인데 그 중에서 광고비가 3,512만 3,000원이라고 말하는 것보다 전체 비용을 100으로 할 때 광고비가 11%라고 표현하면 전체 비용에 대한 광고비의 상대적인 크기를 더욱 쉽게 이해할 수 있다. 그러나 사람들은 종종 퍼센트를 원래 두 숫자의 상대적 크기를 비교하는 데 초점을 둔 정보로 인식하지 않고 원래 숫자를 대신하는 것으로 인식해 혼동한다. 대표적인 예가 퍼센트끼리 함부로 비교하는 경우다.

예를 들어 A회사의 전체 비용 중에서 광고비 비중이 11%이고 B회사의 광고비 비중이 22%라고 할 때, 두 회사의 광고비 비중을 직접 비교해 B회사 광고비가 A회사 광고비보다 2배나 많다고 할 수 있을까? 절대로 그렇게 말할 수 없다. 퍼센트끼리 직접 비교할 수 있는 경우는 두 퍼센트가 계산된 기준이 같을 경우에만 가능하다.

야구의 예를 들겠다. 야구에서는 퍼센트의 다른 표현인 할·푼·리를 사용하는데, 타율이 3할 3푼인 김야구 선수와 2할 9푼인 나안타 선수가

 괴짜 통계학

있다면 누가 더 훌륭한 선수일까? 만약 3할 3푼이 2할9푼보다 높으니까 김야구 선수가 더 훌륭한 선수라고 생각하는 사람은 야구 마니아가 아닐 확률이 높다. 왜냐하면 야구팬이라면 타율 계산시 분모가 되는(즉 기준이 되는) 타석의 수를 물어볼 것이 틀림없기 때문이다. 아래에 제시한 예는 기준에 차이가 많은 경우 단순히 타율의 크기를 비교하는 일이 무의미하다는 것을 보여준다.

이름	타수	안타수	타율
김야구	9	3	3할 3푼
나안타	340	100	2할 9푼

퍼센트를 비교할 때에도 마찬가지다. 단순히 퍼센트의 크기만으로 따져서 비교하면 안 되고 퍼센트를 계산한 기준의 크기가 비슷한지를 알아보아야 한다. 기준의 크기가 다르면 퍼센트를 비교할 때 주의해야 한다.

어느 회사의 사장이 "우리 회사의 올해 봉급을 사원은 10% 올리고 사장도 동일하게 10% 올리기로 했다"라고 했다면 이 말은 동일한 봉급 인상이라는 느낌을 주기 위한 의도로 볼 수 있다. 하지만 실제로 기준의 크기가 다르다면 봉급 인상액에 많은 차이가 생긴다. 사원의 월급이 100만 원일 경우 10% 인상은 10만 원이지만, 사장의 월급이 1,000만 원이라면 같은 10%라 할지라도 인상액은 100만 원이 되므로 두 사람 간 무려 90만 원의 차이가 생긴다.

A월간지는 상류층 독자의 수가 B월간지보다 33% 많다고 광고한다. 상

류층에 속한 사람들이 A월간지를 더 많이 읽는다는 인상을 주는 말이다. 어떻게 33%라는 숫자가 나왔느냐 하면 A월간지의 독자 중 상류층에 속하는 사람은 40%이고 B월간지의 상류층 독자는 30%이므로 그 차이는 $(40-30)/30=0.33$, 즉 33%의 차이가 난다는 것이다. 그럴듯한 말 같지만 기준이 다른 경우에는 이렇게 퍼센트끼리 상호 비교할 수 없다. 만약 A월간지를 구독하는 독자가 1만 명이라면 40%의 상류층 독자 수는 4,000명에 불과하지만 B월간지의 독자가 20만 명이라면 그 30%는 6만 명이므로 훨씬 많은 상류층 사람이 B월간지를 보는 것이다. 이처럼 퍼센트의 단순 크기만 비교하는 경우, 특히 기준을 제시하지 않거나 감추려 한다면 엉터리 결론을 유도하려는 의도가 숨어 있는 경우가 많은 것으로 봐야 한다. 퍼센트를 직접적으로 비교할 때 기준이 되는 숫자가 비슷하지 않다면 마치 자장면과 승용차를 비교하는 것처럼 무의미하다. 즉 기준이 같지 않으나 특별한 목적으로 꼭 퍼센트를 비교해야 하는 경우에는 기준의 크기가 크게 다르지 않도록 해야 한다.

예를 들어 야구에서는 타율을 비교해야 하는 경우가 많은 반면, 타율의 기준(타석)이 같은 경우는 매우 드물다. 그렇다고 타격 순위를 매기는 것과 같이 선수 간 성적을 비교하지 않을 수 없으므로 야구에서는 최소한의 기준을 정해 선수 간 성적 비교를 한다. 그 기준이 타자의 경우에는 규정 타석이고 투수의 경우에는 규정 이닝이다.

타율은 한 타자의 안타수를 타수[타석－(4사구＋희생 번트＋희생 플라이＋타격방해＋주루방해)]로 나눈 것인데, 여기서 타격 순위를 매길 때 최소한 갖추어야 하는 것이 규정 타석이다. 규정 타석이란 대회 또는 리그에서 타자가 한 경기에 몇 번 이상 타석에 나와야 한다는 것을 수치로 정해 놓은 것이다. 프로야구에서는 한 시즌의 규정 타석수를 게임수의 3.1배로 정하고 있다. 따라서 한 시즌의 규정 타석수를 계산하려면 팀의 경기 수에 3.1을 곱하면 된다. 이는 몇 경기에 나서지 않고 높은 타율을 유지한다든지, 높은 타율을 유지하고자 출장하지 않는 행위를 방지하기 위한 것이다.

일반적으로 한 선수가 한 경기에서 교체되지 않고 뛰었다면 최소한 4타석 정도 기회를 갖는다. 따라서 최소 규정 타석이 3.1이라는 것은 타석수(기준)의 차이가 22.5%[(4−3.1)/4] 이내라면 타자 간 타율 비교가 가능하다고 본 것이다.

참고로 규정 이닝은 투수의 방어율[(자책점×9)÷투구 횟수] 순위를 매길 때 필요한 것으로서 자기 소속팀이 한 시즌에 치른 경기 수와 같은 수 이상의 이닝을 던지도록 정해져 있다. 규정 타석 및 규정 이닝을 채우지 못한 타자와 투수는 각종 순위에서 제외된다. 특히 야구에서는 겉으로 드러난 타율이나 방어율만 볼 것이 아니라, 그 선수가 규정 타석과 이닝을 소화했는지와 경기에 얼마나 많이 출장했는지도 함께 고려해야 정확한 분석이 가능하다. 혹시 10타수 3안타를 쳐서 3할인 타자를 보고 옆에 있는 누군가가 강타자라고 말한다면, 이렇게 응수하면 어떨까.

"안타를 하나만 못 쳤어도 2할(10타수 2안타)인 타자가 뭐 대단하다고 호들갑이야? 저 타자의 타수를 한번 보라구!"

28
찬성률 33%를 67%로 올리는
간단한 방법

미국에는 3,000여 개의 대학이 있는데, 대부분
남녀공학이다. 20~30년 전부터 남자 또는 여자대학이 성차별을 금지하
는 추세에 따라 남녀공학으로 바뀌어왔다. 전통이 오래된 남자대학에서
는 동창회를 중심으로 여성의 입학을 강하게 반대했다. 볼티모어에 있는
존스 홉킨스Johns Hopkins 대학에서도 논란 끝에 여학생 입학을 허용했는
데, 입학을 반대하는 쪽에서는 여학생 중 33.3%가 교수와 결혼했다고 여
성 입학의 단점을 강조했다. 여학생 33.3%가 교수와 결혼했다면 대단한
뉴스거리지만 실제로 내막을 살펴보면 그렇지 않다. 처음 이 학교에 입학
한 세 명의 여학생 중 한 명이 교수와 결혼한 것이었다.

치안 예산을 올리고 싶은 어느 시골마을의 경찰 관리는 살인사건이 지난 한햇동안 67% 증가했다고 근거를 댄다. 살인사건이 67%나 증가했다면 그 마을에 강력범죄가 극성을 부리는 것 같지만 실제로는 살인사건이 3건에서 5건으로 증가한 것뿐일 수도 있다[(5−3)/3=0.67].

적은 자료를 토대로 계산한 퍼센트는 사람들을 오도하기에 안성맞춤이다. 따라서 퍼센트를 대할 때는 퍼센트가 계산된 실제 숫자를 알려고 해야 한다. 그래야만 올바른 판단을 내릴 수 있다. 만약 실제 숫자를 밝히지 않는다면 퍼센트로 속일 의사가 있다고 보아도 된다. 속일 의사가 없다면 퍼센트의 근거가 되는 숫자를 굳이 감출 필요가 없기 때문이다.

건강기구나 영양제, 비만치료제 등에 관한 광고를 보면 '80% 내지 90%의 환자가 치료된다' 고 선전하지만, 퍼센트 계산의 근거가 되는 숫자를 밝히는 경우는 거의 찾아보기 어렵다.

책을 읽다가도 다음과 같은 글을 대하게 되면 당황하게 된다. 글쓴이는 일본 부부와 우리나라의 부부가 너무 대조적이라고 말하고 있지만 아쉽게도 근거를 명확히 밝히지 않고 있다.

주로 40대 후반의 일본 여성들에게 "죽은 뒤 남편과 함께 묻히고 싶은가?" 라는 질문을 던진 결과 67%가 "그것만은 피하고 싶다"고 대답했다. 정에 얽혀 내내 부부싸움을 되풀이하면서도 죽을 때는 당연히 부부라면 함께 묻히는 우리나라와 너무나 대조적이다.[14]

글쓴이의 주장을 선뜻 받아들이기 전에 67%가 계산된 근거를 생각해 보아야 한다. 3명 중 2명이 그렇게 대답했어도 67%이고, 1,000명 중 670명이 그렇게 대답했어도 67%이기 때문이다. 이처럼 퍼센트를 제시할 때 굳이 근거가 되는 숫자를 숨길 의도가 없다면 읽는 사람들의 이해를 돕기 위해서 근거도 함께 밝혀야 한다. 67%는 3명 중 2명만, 6명 중 4명만 원하는 대로 응답하면 되기 때문에 자주 인용된다. 표본수가 적은 표본에서 이 정도는 우연에 의해서 얼마든지 얻을 수 있는 결과다. 심지어 67%가 될 수 있도록 표본을 선택하기도 한다. 이와 관련해 로버트 후크Robert Hooke는 다음과 같이 "67%를 조심하라"고 경고한다.

"조사한 의사 중 '67%가 X라는 치료제를 추천했다' 라는 말에 의심을 가져 볼 필요가 있다. 만약 X치료제 제조회사가 3명의 의사를 조사해서 2명으로부터 원하는 답을 얻은 후 조사를 멈추었더라도 67%라는 숫자를 인용할 수 있다. 어떤 사람들은 원하는 답을 이미 얻었고 난 후에는 구태여 돈을 더 들여 신뢰성 있는 조사를 하려 들지 않는다. 따라서 조사 대상의 크기를 제시하지 않는다면 67%라는 결과를 의심해 보는 일은 당연한 것이다."

퍼센트에서 불필요하게 소수점 이하를 쓰는 경우도 주의를 기울여야 한다. 광고비 비중이 11%라고 하는 것이 11.34%라고 표현하는 것보다 상대적 크기가 명확하게 전달되므로 이런 경우에는 굳이 소수점 이하까지 밝힐 필요가 없다. 예를 들어 23.17% 또는 15.35% 등은 상대적인 크기는 고사하고 읽기에도 불편한 숫자다. 그런데 가끔씩은 소수점 이하 두 자리까지 퍼센트로 표시하는 사람이 있다. 왜 일까? 소수점은 수학적 · 논리적이고 따라서 정확하다는 인상을 주기 때문이다. 퍼센트에서 소수점을 쓰는 이유는 소수점이 갖는 정확성을 상대방에게 인식시킴으로써 진실을 말한다는 느낌을 주기 위해서다.

말싸움에서 이기기 위해, 또는 자기주장을 설득력 있게 보이려고 소수점 이하 두 자리까지 퍼센트를 사용하면 상대방은 그 신빙성에 이의를 제기하지 않고 그 권위에 입을 다물게 된다. 그러나 퍼센트를 사용하는 이유는 간단하고 비교가 쉽기 때문이다. 이를 고려하지 않은 채 소수점 둘째자리까지 퍼센트로 나타낸다면 읽기도 성가실 뿐 아니라, 원래 퍼센트 사용 목적에도 맞지 않는다. 따라서 소수점 이하는 반올림하여 퍼센트로 사용하는 것이 무난하다. 다만 필요한 경우에, 예컨대 기준이 커서 소수점 이하 한 자리도 큰 의미를 갖거나(국가예산의 13.5%, 전체 수출액의 10.2% 등) 실업률, 물가상승률 등과 같이 소수점 이하 한 자리가 중요할 때에는 소수점 이하 자리를 사용할 수도 있다.

소수점 한 자리까지 발표하지 않아도 되는 내용을 굳이 소수점으로 나타낸 사례들을 신문을 펼치기만 해도 쉽게 접할 수 있다. 어느 정책에 대한 여론조사 결과 찬성이 39.7%, 반대가 27.4% 그리고 무응답이 32.9%라고 말하는 것보다는 찬성이 40%, 반대가 27% 그리고 무응답이 33%라고 말하는 것이 훨씬 명확하다.

오래 전 〈뉴스위크〉의 기사에서 마오쩌둥이 정부관리의 임금을 300% 삭감했다고 밝혀 망신당한 편집자는 나중에 300%가 아니라 66.67%라고 정정했는데, 그냥 67%라고 고쳐도 무난한 것을 이번에는 정말로 정확한 숫자라는 것을 강조하기 위해 소수점 이하 둘째자리까지 퍼센트로 발표했다. 솥뚜껑보고 놀라는 격이다. 굳이 소수점을 사용한 퍼센트, 특히 둘째자리까지 표시된 퍼센트는 정확하다는 인상을 심어줌으로써 그 권위에 입 다물게 할 의도가 있는 것으로 보면 된다.

오스트리아 재무부의 공식출판물에는 1951년도 찰츠부르크 지역 Salzburg Province의 인구가 오스트리아 전체 인구의 4.719303%라고 발표된 적이 있다. 하지만 소수점 6자리까지 정확하게 퍼센트를 발표하는 것은 이 수치가 엉터리로 만들어냈다는 반증일 수도 있다.

29

포인트를 붙이느냐 마느냐가
바로 포인트!

퍼센트에 관해서 사람들이 가장 많이 혼동하는 경우는 퍼센트 자체를 숫자로 생각해서 퍼센트의 산술적 계산, 즉 퍼센트끼리 더하거나 빼거나 곱하거나 나누기를 함부로 하는 것이다. 결론적으로 말하면 퍼센트끼리는 함부로 더하거나 빼거나 곱하거나 나누기를 할 수 없다. 왜냐하면 퍼센트는 숫자 간 상대적 크기만 나타내는 수이며 항상 원래의 수와 함께 이해되어야 하기 때문이다. 퍼센트끼리의 산술적 연산을 할 수 있는 유일한 경우는 퍼센트를 계산한 기준이 같을 때다.

예를 들어보자. 시간의 흐름에 따른 숫자의 변화가 관심 대상이 되는 경우가 많다. 그런데 그 관심의 대상이 되는 숫자가 퍼센트로 표시(실업률, 시장점유율, 이자율 등)되었다면 퍼센트의 변화를 퍼센트 포인트(%포인트 또는

%P)로 표현한다. 다시 말하면 퍼센트를 직접 비교할 때 만약 기준이 같다면, 퍼센트를 보통의 숫자와 마찬가지로 서로 더하거나 뺄 수 있다. 이때 두 개의 퍼센트의 차이(또는 변화)를 %포인트라고 한다. 따라서 %포인트는 방송이나 신문의 기사에서 각종 수치의 변화를 얘기할 때 자주 등장한다. 퍼센트와 %P는 간단한 개념인데도 불구하고 많은 사람들이 혼동하는데, 신문기사에서도 %포인트를 그냥 %로 잘못 사용하는 경우가 흔히 있다.

"日 재할인율 인하할 듯.
엔고 대책 0.75%P 내려 1%로 조정 전망."

이 기사는 일본은행이 엔고의 행진을 막기 위해 재할인율을 1.75%에서 1.0%로 인하할 것이라는(다른 말로는 0.75%포인트 인하한다는) 예측 기사다. '0.75%P'는 '0.75%포인트'를 줄여 쓴 것이다. 그런데 이틀 뒤에 나온 신문 1면의 머릿기사에서는 0.75%포인트(또는 0.75%P)를 그냥 0.75%라고 혼동해 쓰고 있다.

"재할인율 0.75% 인하.
日, 엔고 긴급 대책 발표."

심한 경우에는 전혀 상관도 없는 퍼센트끼리 차이를 구해서 %P를 붙이기까지 한다. 위와 같은 퍼센트와 %P의 혼동은 다음의 예에 비하면 약과(?)라고 할 수 있다. 국민경제 노동생산성 증가율과 노동명목임금상승률을 비교하면 시기별, 산업별로 다소 차이가 나는 사실을 알 수 있다.

"1990년의 경우 제조업에서는 임금상승률이 20.2%인 데 비해 노동생산성 상승률은 12.9%로 임금상승률이 7.3%포인트 높았다."[15]

전년도에 비해 임금은 20.2% 올랐고 노동생산성은 12.9% 올랐으므로 7.3%포인트 차이가 난다고 설명하고 있지만, 퍼센트의 기준(전년도 임금과 전년도 노동생산성)이 다르므로 퍼센트 간의 차이를 구해서 %포인트라고 표시할 수 없다. 이 경우 올바른 표현은 "임금상승률이 노동생산성 상승률보다 높다"는 것뿐이다.

경제상황을 나타내는 대표적인 숫자 중 하나인 실업률은 경제활동 인구 중 실업자 비율을 퍼센트로 표시한 것이다. 실업률의 기준이 되는 경제활동 인구 수는 단기적으로는 거의 비슷하므로 실업률의 변화는 그 차이(변화)를 직접 계산해서 %포인트로 표현할 수 있다. 실업률이 지난 5년 동안 2.1%에서 3.1%로 증가했다고 가정해 보자.

- 1995년도 실업률 : 2.1%
- 2000년도 실업률 : 3.1%

이때 '실업률이 지난 5년간 1% 증가했다'는 표현은 틀린 것이다. 이 퍼센트의 변화는 다음과 같이 두 가지 방법으로 표시할 수 있다.

'지난 5년 동안에 실업률이 1%포인트 증가했다.'
'지난 5년 동안에 실업률이 48% 증가했다.'

이 두 가지 방법은 모두 정확한 표현이다. 그러나 우리에게 주는 인상은 크게 다르다. 둘 중 어느 표현을 선택하는가는 말하는 사람이 듣는 사람에게 어떤 인상을 심어주기 원하느냐에 달려 있다.

첫번째 표현은 실업률이 약간만 올랐다는 인상을 주므로 실업률을 발표하는 정부기관 등에서 선호할 것이다. 반면 두번째 표현은 기준이 같을 경우 퍼센트끼리 빼기와 나누기를 할 수 있으므로 퍼센트의 퍼센트를 구해서$(3.1-2.1)/2.1=0.48$, 즉 실업률이 48% 증가했다고 표현한 것이다. 실업률이 크게 증가했다며 정부의 경제정책을 비판하고 싶은 사람은 두번째 표현을 선호할 것이 당연하다. 이 표현은 5년 전에 비해 실업자가 될 확률이 48% 증가했다는 것을 나타낸다. 퍼센트와 %포인트의 간단한 개념을 이해한다면 이처럼 전혀 다른 인상을 주는 두 가지 표현이 서로 모순되지 않는 것으로 수용할 수 있다. 하지만 그 개념을 모르면 혼란에 빠지며 말하는 사람의 의도대로 유도당할 수 있다.

한 가지 예를 더 들겠다. 물건을 만들어 판매하는 회사들은 시장점유율을 높이는 데 관심이 많다. 시장점유율이란 해당 제품의 전체 시장을 100이라고 할 때, 각 회사가 몇 퍼센트의 점유율을 차지하는지 나타낸 것이다. 냉장고 시장점유율 10%인 A사와 시장점유율 20%인 B사가 있다고 가정해 보자. 그 차이가 미미하다고 표현하고 싶은 A사는 "B사의 시장점유율이 A회사보다 10%포인트 높다"라고 말할 것이다. 반대로 그 차이를 과장하고 싶은 B사측에서는 "B사의 시장점유율이 A사보다 100% 높다"고 표현할 것이다.

여론조사 기관이나 신문사가 발표하는 각종 조사에서 '오차' 또는 '오차의 한계'는 종종 틀리게 발표된다. 조사 결과를 발표하는 기사에서 오차는 ±3%, ±5% 등과 같이 퍼센트로 발표한다. 그러나 이때 %는 잘못된 표현이다. 오차를 나타낼 때는 기준(표본의 크기)이 같으므로 %포인트로 표시해야 한다. 즉 오차는 ±3%포인트, ±5%포인트 등으로 표시해야 맞다.

여론조사는 전체(모집단)를 모두 조사하는 것이 아니라, 일부 표본만 조사한다. 따라서 당연히 오차가 존재하게 마련이다. 예를 들어 설명하겠다. 한 여론조사 기관에서 승용차의 10부제에 대한 찬성 비율이 53%이고 오차는 ±5%포인트라고 발표했다면 이 말은 무슨 의미일까? 이 말은 표본조사에서 찬성률이 53%로 나타났지만 표본이 아닌 전체를 실제로 다 조사하는 경우에는 찬성률이 (53−5)%와 (53+5)% 사이에 있을 것이라는 의미다. 오차를 그냥 %로만 표현하면 의미가 달라진다.

● **틀린 표현** – 승용차 10부제에 관한 여론조사를 실시한 결과 10부제에 대한 찬성률이 53%로 나타났다. 이 조사의 신뢰 수준은 95%이며 오차는 ±5%다.

● **맞는 표현** – 승용차 10부제에 관한 여론조사를 실시한 결과 10부제에 대한 찬성률이 53%로 나타났다. 이 조사의 신뢰 수준은 95%이며 오차는 ±5%포인트다.

표본조사 결과 찬성률이 53%로 나타났지만 오차를 감안하면(전체를 모두 조사한다면) 실제 찬성률이 (53−5)%에서 (53+5)%, 즉 48%와 58% 사이에 있다는 것을 의미하는 말은 두번째 표현이다. 여기서 두 표현의 차이를 좀더 구체적으로 알아보자.

● **찬성 53%, 오차 ±5%포인트의 의미**

53%, ±5%포인트=[53−5에서 53+5]=[48%에서 58%]. 즉 찬성 비율은 48%에서 58% 사이에 있다.

● **찬성 53%, 오차 ±5%의 의미**

53의 5%는 2.7이므로 53%±2.7%=[53−2.7에서 53+2.7]=[50.3%에서 55.7%]. 즉 찬성 비율은 50.3%에서 55.7% 사이에 있다.

오차를 ±5%라고 할 때와 ±5%포인트라고 할 때의 실제 찬성 비율이 존재할 구간은 ±5%라고 할 때가 훨씬 좁으므로 조사가 더욱 정확하다는 인상을 준다. 더욱이 오차가 ±5%라고 한다면 조사 대상자의 과반수가 10부제에 찬성한다고(최하가 50.3%) 주장할 수도 있다. 그러나 오차가 ±5%포인트라면 찬성 비율이 과반수가 아니므로(최하가 48%) 10부제 추진의 여론적인 뒷받침이 약해진다. 이처럼 %포인트 대신 %를 사용하면 조사 결과에 대한 해석이 정반대로 나타날 수도 있다.

여론조사 기관이나 신문 등에서 발표하는 조사 결과에서 %포인트 대신 대부분 퍼센트로 오차를 발표하는 이유는 어디에 있을까? 정말로 이런 차이를 몰라서 그대로 사용하거나, 또는 조사의 신뢰도를 높이려는 의도로 그러는 것 같다.

지금까지 몇 장에 걸쳐 퍼센트를 다루었다. 퍼센트에 대한 내용을 정리하면 다음과 같다.

- 퍼센트는 상대적인 크기를 비교하는 데 유용하지만 잘못 사용되는 경우도 많다.
- 퍼센트 기호가 갖는 수학적 · 과학적 권위 때문에 왜곡이나 속임수가 잘 통한다.
- 퍼센트를 올바로 이해하려면 무엇보다도 퍼센트를 하나의 숫자 정보로 이해해야지 데이터 자체를 대신하는 것으로 받아들여서는 안 된다.
- 퍼센트는 종종 원래의 데이터가 갖는 중요한 면을 숨긴다. 따라서 퍼센트는 퍼센트가 계산된 원래의 숫자와 함께 이해되어야 한다(특히 기준이 되는 숫자의 크기가 작은 경우에는 미미한 변화도 높은 퍼센트로 표시된다).

- 실제 기준이 되는 숫자와 함께 제시되지 않는 퍼센트는 속일 의도가 있다고 보아도 된다. 퍼센트를 접하면 먼저 무엇에 대한 퍼센트인지, 기준이 제대로 적용되었는지 여부를 생각해야 한다. 기준을 바꿔치 거나 골라잡음으로써 퍼센트를 과장·과소하게 표현할 수 있다.

- 둘 이상의 퍼센트가 비교될 때는 그 퍼센트가 비슷한 크기의 기준 으로부터 나왔을 경우에만 의미가 있다. 기준이 다른 퍼센트의 비 교는 결과의 왜곡을 가져온다.

- 퍼센트끼리 더하거나 퍼센트의 퍼센트를 내는 경우에도 기준이 같 아야만 의미가 있다.

- 퍼센트와 %포인트는 간단하고 쉬운 개념인데도 모르는 사람이 많 아서인지 잘못 사용, 이해되는 경우가 많다. 듣는 사람에게 주는 인 상이 퍼센트로 표현할 때와 %포인트로 나타낼 때 크게 다르다는 것 을 알아야 한다.

- 퍼센트에서 소수점 표현은 꼭 필요한 경우에만 사용하되, 소수점 이하 한 자리까지만 표현한다. 소수점 이하 두 자리 이상을 퍼센트 로 나타내는 데에는 정확하다는 인상을 강요하려는 의도가 숨어 있 는 것이다.

지금까지 열거한 내용들을 유념하면 일상생활에서 쉽게 접하는 퍼센트 를 올바로 이해, 판단하는 데 도움이 될 것이다.

30
이혼하면 수명이 짧아질까?

이혼이 급증하는 추세다. 세 쌍의 부부 가운데 한 쌍이 이혼하는 현실에서 이혼한 사람이 8~10년 일찍 죽는다는 조사 결과가 방송과 신문지면을 장식해 화제가 된 적이 있다. 높아지는 이혼율에 경종을 울리는 내용으로 판단했는지 매스컴에서는 상세한 통계 수치까지 인용해 가며 이 내용을 매우 요란하게 다뤘다. 과연 이혼하면 빨리 죽는지, 즉 이혼이 사망의 원인으로 작용해 수명을 단축시키는지 해당 기사 내용을 분석해 보자.

1999년 삼육대학교 사회복지학과 천성수 교수가 대한보건협회 학술지에 발표한 논문에 따르면, 이혼 남녀의 평균 수명이 배우자가 있는 남녀보다

8~10년 짧은 것으로 조사됐다. 이 논문은 1995년도 인구센서스 자료, 인구동태 자료, 사망 원인, 통계 연보, 생명표 등을 토대로 분석한 것이다. 분석한 결과를 보면 배우자가 있는 남성의 평균 수명은 75세였고 이혼자의 경우 65세였다. 배우자가 있는 여성 평균 수명은 79세, 이혼자 71세로 이혼 남녀의 평균 수명이 각각 10년과 8년씩 짧은 것으로 나타났다. 논문을 쓴 천 교수는 평균 수명이 차이 나는 원인에 대해 '이혼자의 경우 심리적 갈등을 해소할 기회가 적기 때문'이라고 분석하고 있다.

하지만 이 같은 평균 수명 차이를 다른 각도에서 해석할 수도 있다. 이 논문은 사망한 사람들을 배우자가 있는 사람들과 이혼한 사람들로 나누어 평균 수명을 분석했다. 조사 대상자(사망자)의 평균 수명을 70세로 보고 이 사람들의 결혼 연령을 평균 30세로 본다면 이들은 40년 전, 그러니까 1950년대 후반에 결혼했을 것이다. 그리고 이혼은 결혼 후 10년 안쪽에서 많이 이루어진다는 사실을 감안할 때 이혼한 시기는 1960년대 중반 정도라고 볼 수 있다.

그렇다면 1960년대 중반을 한번 생각해 보자. 그 시절에 이혼은 그리 흔치 않았다. 이혼하면 난리가 나는 것처럼 여기던 시절이었고 웬만한 일에도 여자가 삼종지도의 인내력을 발휘해 참아낼 것을 종용하던 시절이었다. 그런데 그 시절에 실제로 이혼했다면 결혼을 지속할 수 없는 어떤 중대한 이유가 있었을 것이라고 생각할 수 있다. 그 이유 중에는 배우자의 건강상 문제도 중요한 부분을 차지했을 것이다. 따라서 논문의 결론을 반대로 해석할 수도 있다. 이혼해서 일찍 사망한 것이 아니라 원래 건강상의 문제 등으로 이혼했고 일찍 사망했을 수도 있는 것이다. 당시의 관습과 상황을 고려할 때 이 같은 추정이 더욱 설득력 있지 않을까?

누누이 강조하지만 통계 수치의 차이에 대한 원인을 분석할 때에는 어떤 것이 원인이고 어떤 것이 결과인지 확실히 단언하기 어려운 경우가 많다. 일례로 고교생의 흡연과 성적 불량을 분석했더니 흡연자의 성적이 더 낮았다는 것을 '담배를 피우면 성적이 떨어진다', 즉 '흡연이 성적 불량의 원인이다'라고 해석할 수도 있다. 그러나 반대로 공부를 못하니까 고민이 되어서 담배를 피우는 것일 수도 있다. 이혼율과 관련된 다른 분석을 보자.

우리나라 이혼율은 계속 증가하는 추세에 있다. 통계에 따르면 1997년에는 9만 3,000쌍이 이혼했으나 1998년에는 12만 4,000쌍이 이혼해 3만 1,000건 증가했다. 이혼이 빠른 속도로 늘고 있음을 보여준다.

2001년의 자료를 보면 혼인 건수는 32만 건, 이혼 건수는 13만 5,000건으로 2.4쌍 중 한 쌍이 이혼하는 것으로 나타났다. 2001년의 조이혼율(인구 1,000명당 이혼 건수)은 2.8건으로 이는 1995년의 1.5건에 비해 크게 증가한 것이다. 한편 〈이코노미스트〉가 발간하는 〈숫자로 본 세계〉에 실린 세계 60개국의 조이혼율을 비교해 보면, 미국이 4.7건으로 1위 △쿠바 4.1건 △러시아 3.9건 △캐나다 3.1건 △영국 2.9건 △독일 2.2건 △프랑스 1.9건 △싱가포르 1.6건 △쿠웨이트 1.5건 △일본 1.3건이다.

이처럼 성적으로 자유분방한 서구의 나라들보다 우리나라 이혼율이 높아졌다는 점을 들어 우리의 전통적인 가족관이 붕괴되고 있다고 우려하는 사람들이 많다. 하지만 단순 수치 비교만으로 우리의 이혼율이 서구의 여러 나라들보다 높다며 호들갑 떨 필요는 없다. 수치 비교 외에도 문화적 차이를 고려해야 하기 때문이다. 예를 들어 프랑스의 이혼율을 우리와 비교하기 위해서는 '결혼 전 동거'가 자유로운 프랑스의 결혼 행태를 감안해야 한다. 프랑스는 제도적으로 동거를 법률혼과 마찬가지 효력을 갖도록 인정한다. 시민연대협약PACS이라는 법률에 따른 것이다. 프랑스의 1998년 통계를 보면 부부는 1억 1,238만 쌍이며 동거 커플은 242만 쌍이다. 또한 동거 커플 중에서 30%가 10년 이상 동거 중이다. 이처럼 동거가 자유롭고 법적으로 보호되는 프랑스의 이혼율과 혼전 동거가 아직은 예외적인 우리나라의 이혼율을 단순 비교해 우리의 전통적인 가족관이 붕괴되고 있다고 분석하는 것은 적절하지 못하다.

사실 우리 사회에서는 부부의 이혼에 대해 관용적이지 않은 인식이 여전하다. 더욱이 여성에겐 이혼으로 인해 경제적 · 법적 · 사회적 · 관습적으로 상당한 불이익이 따른다. 그럼에도 불구하고 이혼이 증가한다는 사실은 그러한 불이익을 감수하고서라도 여성이 자기 개인의 소중함을 우선시하기 시작했다고 분석할 수 있다. 이러한 변화를 있는 그대로 받아들이고 사회적 해결책을 모색하는 노력을 기울이는 한편, 봉건적인 가정 윤리를 대신할 현대적 가족 · 가정에 관한 패러다임을 만들고 공유해 나가는 것이 필요한 시점이다.

단순 수치 비교만으로 우리의 미혼율이 서구의 여러 나라들보다 높다며 호들갑 떨 필요는 없다. 수치 비교 외에도 문화적 차이를 고려해야 하기 때문이다.

자 그렇다면 우리나라 실업률을 미국과 단순 비교할 수 있을까? 통계학자 스티븐 캠벨Steve Campbel이 "비교하는 것은 삶에서 중요하고 핵심적인 부분이다"라고 말했듯이 어떤 대상을 비교하는 것은 사람들의 생활 속에서 매우 일상적인 행위 가운데 하나다. '남의 떡이 더 커 보인다'는 속담에서도 알 수 있듯 사람들은 자기가 가진 것을 남의 것과 끊임없이 비교한다. 그림·경치·음악 등을 비교할 때는 대부분 주관적 판단에 맡길 수밖에 없지만 숫자가 포함된 정보나 주장을 비교하거나 평가할 때는 상대적으로 쉬운 듯하다. 왜냐하면 주관적 느낌이 아닌 객관적 숫자의 크기를 재기만 하면 비교가 가능하기 때문이다. 그러나 숫자를 포함한 정보들을 비교할 때에도 주의를 기울이지 않으면 잘못된 판단을 내리기 쉽다. 구체적인 예를 들기에 앞서, 먼저 올바른 비교를 하기 위해 꼭 확인해야 할 두 가지 원칙에 대해서 설명하겠다.

첫째, 비교할 때는 비교되는 특성이 같아야 한다. 즉 비교되는 특성에 대한 정의가 동일해야 한다는 말이다. 우리나라의 실업률을 미국이나 일본의 실업률과 비교하는 경우가 종종 있다. 그러나 엄밀하게 말하면 각 나라마다 실업에 대한 정의가 다르므로 그 상대적인 크기를 직접 비교할 때는 이 차이를 고려해야 한다. 예를 들어 우리나라의 경우 자기 집에서 경영하는 사업체나 직장에서 주당 18시간 이상 일하면 월급을 받지 않더라도(무급 가족 종사자라고 함) 취업자로 계산하는 데 비해, 일본에서는 1시간 이상, 미국에서는 15시간 이상 일하면 취업자로 취급하는 큰 차이가 있다.[16]

둘째, 비교되는 특성 외의 것들이 서로 비슷해야 비교를 할 수 있다. 그렇지 않으면 어떤 요인 때문에 차이가 생기는지 파악하기 어렵다. 예를 들어 미국과 스페인 전쟁 동안 미 해군의 전사율은 1,000명당 9명이었고, 같은 기간 뉴욕 시민의 사망률은 1,000명당 16명이었다. 이 숫자를 이용해 미 해군측에선 해군에 들어와 있는 것이 더 안전하다고 선전했다. 그러나 뉴욕 시 구성원 중에는 환자, 노인, 어린아이 등이 섞여 있고 해군은 건강한 청년들로만 구성되어 있다. 올바른 사망률을 비교하려면 다른 조건도 유사해야 한다. 즉 뉴욕에 살고 있으면서 해군의 신체검사 기준에 통과할 만한 건강한 청년들의 사망률과 해군의 사망률을 비교해야 하는 것이다.[17]

이 두 가지 원칙이 지켜지지 않은 비교는 별 의미가 없다. 따라서 이 원칙이 지켜졌는지를 미리 판단하지 않으면 잘못된 결론에 도달하고 만다. 1940년 미국 남부 지방에 훈련소를 짓고 있던 미 육군은 그 지역에서 1년에 수십만 명에 이르는 말라리아 환자가 발생한다는 사실에 크게 놀랐다. 당시만 해도 말라리아는 다른 지역에서 거의 발생하지 않는 병이었다. 그 원인을 규명하기 위해 미 육군은 말라리아 전문가를 초빙하는 등 법석을 떨었다. 그러나 원인은 간단했다. 남부 지방에서는 말라리아가 감기나 몸살을 나타내는 일상 용어였던 것이다. 즉 말라리아 발생률과 감기 발생률을 비교하고서 그 차이에 놀라 야단법석을 떨었던 셈이다.[18]

또 다른 사례로 한국 형사정책연구원에서 발표한 가정폭력에 관한 통계도 들 수 있다. 통계에 따르면, 40% 이상의 주부가 남편으로부터 상습적인 구타를 당한다고 한다. 그런데 놀라운 것은 여자만 맞는 것이 아니라 남편들 중에도 무려 15%가 아내의 폭력에 시달린다는 발표였다. 그러나 그 내용을 살펴보면 가정폭력의 정의가 다르게 적용되었음을 쉽게 알 수 있다.

● **남편의 폭력 경험**

손, 발, 몽둥이 사용 : 45.3%

닥치는 대로 때림 : 9.1%

칼 등의 흉기 사용 : 4.7%

● **아내의 폭력 경험**

남편을 밀친다 : 11.3%

물건을 던진다 : 7.0%

뺨을 때린다 : 2.6%

발이나 주먹 사용 : 1.4%

남자의 폭력은 구타의 정도가 상당히 심한 것들뿐이다. 그런데 여자의 폭력 15%에는 물건을 던지는 것을 제외한 모든 것을 포함시켰으며 그 중에서 남편을 밀치는 '가벼운' 신체 접촉이 11%나 차지했다.[19]

이처럼 기준이 틀린 비교 수치를 발표하는 것은 기사를 좀더 흥미 있게 하기 위해서이거나 남편들도 아내에게 맞고 산다는 것을 억지로 강조하려는 의도 때문일 것이다.

광고에도 왜곡된 통계 비교가 종종 활용된다. 스웨덴 볼보Volvo 자동차 선전의 일부를 살펴보자.

"통계에 따르면 평균적으로 미국인은 일생에 50년 동안 운전하고, 약 3년마다 차를 바꾸므로 평생 동안 약 15대의 차를 소유한다. 그런데 튼튼한 차로 유명한 볼보는 평균 11년 동안 주행하므로 볼보를 구입하면 평생 4.5대의 차만 소유하면 된다."

미국인이 평균 3년마다 차를 바꾸는 이유는 아직 타고 다닐 수는 있지만 싫증이 나서 새 차로 바꾸는 것이 대부분이다. 그리고 볼보의 수명이 11년이라는 말은 차를 오래 타고 다니다 폐차 처분할 때까지의 시간인 것이다. 따라서 이 비교는 '수박이 딸기보다 크다' 라고 선전하는 것과 같은 속임수다.

유명한 강력범들의 감옥 '알카트라즈Alcatraz' 에서는 예전에 죄수 한 명당 매일(당시로서는 비싼) 8달러의 비용이 들었다. 이 사실을 알게 된 한 상원의원은 "차라리 월도프-아스토리아 호텔(뉴욕의 최고급 호텔)에 죄수들을 묵게 하는 것이 더 싸다"고 주장했다. 그러나 이런 비교는 공정하지 않다. 알카트라즈에서 죄수 한 명을 유지하는(먹이고 입히고 감시하는 것 포함) 데 드는 총 비용과 호텔 방에서 하룻밤 잠만 자는 비용을 비교할 수는 없다.

31
특성과 조건이 결과를 좌우한다

앞에서 언급했듯이 숫자가 포함된 정보들을 올바로 비교하려면 두 가지 원칙을 확인해야 한다. 첫째, 비교할 때 비교되는 특성이 같아야 하고, 둘째, 비교되는 특성 외의 것들도 서로 비슷해야 한다. 만약 이 두 가지 원칙이 지켜지지 않으면 어떤 요인 때문에 차이가 생기는지를 파악하기 어렵다. 첫번째 원칙이 지켜지지 않은 예부터 살펴보자.

우리나라에서는 교통사고 사망자에 대한 경찰의 피해 집계와 정부의 대외적 공식 자료인 통계청 집계가 크게 달라 혼선이 빚어지고 있다는 뉴스를 접하곤 한다. 경찰은 교통사고 사망자가 1992년 이후 지속적으로 감소세에 있다며, 교통안전 캠페인이 효과를 거두고 있다고 발표하지만 통계청 자료에 따르면 오히려 증가 추세에 있는 것으로 나타나고 있다. 특히 1994년 교통사고 사망자의 경우 경찰 자료는 1만 87명인 반면, 통계청 자료는 1만 4,773명으로 4,686명이나 차이가 난다. 이렇게 사망자 수가 차이 나는 이유는 간단하다. 경찰은 사고 발생 72시간 이내의 피해만을 통계 대상으로 하는 반면, 통계청은 전국 행정 기관에 접수된 1년간 주민 사망 신고를 원인별로 분석해 집계하기 때문이다. 따라서 통계청의 숫자가 항상 클 수밖에 없다.

경찰 인력의 업무 과다를 고려할 때 경찰에게 교통사고로 인한 피해를 사고 몇 달 이후까지 추적해 통계를 요구한다면 무리일 것이다. 따라서 교통사고로 인한 사망자 수는 혼선 논란을 빚을 필요 없이 통계청 자료를 이용하면 된다. 통계청 수치와 경찰 수치의 차이는 교통사고로 인한 부상의 정도가 심해 사고 직후에 사망하지 않아도 그 사고로 인해 1년 이내에 사망하는 사람이 많다는 의미로 해석하면 된다.

또 다른 예를 보자. 미국 안전협회에 따르면 가장 사고를 잘 내는 운전자 연령대는 20대다. 사고자를 연령별로 분석한 자료를 보면 20대 운전자가 전체 사고의 31.6%를 차지해 가장 높았으며 30대 23.3%, 40대 16.2%, 50대 9.4%, 60대 11.0%, 20대 이하 8.5% 등이 뒤를 이었다.

이 수치만 놓고 보면 10대 동생보다는 20대 형들이 자동차 사고뭉치처럼 보인다. 하지만 이런 분석에 따른 비교는 연령별로 운전자 숫자가 같다는 가정 아래에서만 가능하다. 실제로 운전면허를 가진 사람들의 수는 연령별로 크게 다르며, 전체 사고에서 차지하는 비율이 연령별로 차이가 나는 주요 원인도 운전자 숫자가 연령별로 다르기 때문이다.

우리나라의 경우, 전체 사고 중에서 30대 운전자가 차지하는 비율이 32.0%로 가장 높고, 10대는 4.5%, 20대는 26.8%, 40대는 22.2%, 50대는 9.4%, 그리고 60대 이상은 4.9%로 나타난다. 이 비율만 가지고 30대 운전자가 가장 사고를 잘 낸다고 비교할 수 없는 이유는 역시 연령대별로 실제로 운전하는 사람의 수가 다르기 때문이다.

올바른 결론을 끄집어내기 위해 지켜야 할 두번째 원칙은 비교되는 특성 이외의 조건도 크게 다르지 않아야 한다는 것이다. 이 원칙이 지켜지지 않은 예를 들어보자. 미국의 한 식빵회사는 "우리 회사 빵은 칼로리가 낮다"고 대대적으로 선전했다. 하지만 정부가 실제 조사한 바에 따르면, 그 회사 식빵의 칼로리 수준 역시 다른 회사 제품과 같았다. 알고 보니 그 회사는 칼로리를 조사할 때 자기 회사의 식빵은 얇게 썰어 조사한 반면, 다른 회사 제품은 두껍게 썰어서 조사한 것으로 드러났다. 결국 그들이 주장한 칼로리 차이는 조사한 빵의 양 차이에 의한 것이었다.

우리나라 예도 살펴보자. 우리나라의 교통사고 발생률이 세계적인 수준이라는 보도가 수차례 나온 바 있다. 차량 1만 대당 사망자 수는 17명으로 세계 5위이고, 인구 10만 명당 사망자 수는 23명으로 세계 3위라는 통계다. 이 부끄러운 기록의 주범으로 우리의 철저하지 못한 안전의식이 단골로 지목된다. 그러나 여기에도 문제가 있다. 그 이유는 다른 조건을 전혀 고려하지 않은 단순 비교이기 때문이다. 우리나라 승용차의 대당 연평균 주행거리는 1994년 기준으로 2만 5,000km라고 한다. 이는 일본(1만

km)의 2배가 넘는 거리이며 국토가 넓어 장거리운행이 불가피한 미국(1만 6,000km)보다도 훨씬 많은 거리다. 차를 많이 굴리면 사고 발생 빈도 역시 그만큼 높아지는 게 당연하다. 따라서 주행거리당 사고 발생률을 비교하면 전혀 다른 결과가 나올 수도 있다. 도로 여건 또한 다르다. 우리나라의 도로 여건은 매우 열악해 건설교통부에 따르면 전국의 도로 중에서 사고 위험성이 높은 급커브, 급경사 구간이 634곳이나 된다고 한다. 교통안전 시설도 시급히 개선돼야 할 부분이다. 뒷골목 구석까지 교통안전 시설이 잘 되어 있다는 일본, 미국과는 비교가 되지 않는다.

또 다른 예도 있다. 해마다 대학입시가 끝나면 어느 고교가 몇 명의 서울대학교 합격자를 냈는가 하는 것이 관심 대상이 되고 큰 뉴스로 다뤄진다. 심지어 이 숫자를 기준으로 어느 고등학교가 명문고인지 판단하기도 한다. 그러나 이 또한 여러 다른 조건을 고려하지 않은 어리석은 비교다. 평준화 고교와 비평준화 고교, 지방과 대도시의 학력 격차, 서울 강남과 강북의 학력 격차 등이 고려되지 않은 상태에서 합격자 숫자만 단순 비교하는 것으로 고교의 수준을 평가할 수는 없다. 더욱이 합격자 수를 비교할 때 학급 수가 15학급 내지 20학급인 대규모 고교와 5학급 정도밖에 안 되는 소규모 학교를 단순 비교할 수는 없는 것이다. 올바르지 않은 비교가 그대로 고교에 대한 평가로 이어지는 것은 결코 바람직하지 않다. 따라서 비교할 때에는 특성과 조건이 동일한지 먼저 검토해야 올바르고 공정한 비교가 이루어질 수 있다.

숫자가 포함된 정보를 비교할 때 '비교되는 특성이 같고', '비교되는 특성 외의 것들이 서로 비슷한 경우’ 이 두 가지 원칙을 지켰더라도 비교 대상 크기가 다른 경우에도 잘못된 비교를 하기 쉽다. 이 같은 잘못은 도처에서 발견할 수 있다. 예를 들어 교통사고는 안개 낀 날에 비해 맑은 날에 훨씬 더 많이 일어난다. 그렇다면 맑은 날이 안개 낀 날보다 운전하기가 더 위험하다는 말일까? 물론 그렇지 않다. 교통사고가 맑은 날에 사고가 많은 이유는 역설적이지만 안개 낀 날보다 맑은 날이 훨씬 많기 때문이다.

또 다른 예를 보자. 기혼자가 독신자보다 알코올 중독에 걸릴 확률이 높다는 주장이 신문에 실린 적이 있다. 알코올 중독자 중에서 기혼자가 독신자에 비해 많다는 이유로 이런 결론을 내린 것이다. 그러나 20세 이상의 남자 중 80% 정도는 기혼자다. 따라서 기혼자가 알코올 중독에 걸릴 확률이 독신자에 비해 낮더라도 알코올 중독자 중에는 여전히 기혼자가 많음을 알아야 한다. 이처럼 어떤 대상들을 비교할 때 원래 대상들의 크기 차이를 고려하지 않으면 잘못된 결론에 도달한다.

어느 해의 미국 해변에서 일어난 상어 습격 통계를 보면 희생자 가운데 대부분이 남자로 나타났다. 이 결과를 놓고 사람들은 상어들이 여자 냄새는 싫어하고 남자 냄새에는 자극을 받아서 공격한다고 생각하기도 한다. 하지만 과연 그럴까? 역시 아니다. 대부분의 상어 공격은 해변에서 멀리 떨어진 곳에서 일어난다. 그런데 해변에서 멀리 떨어진 곳까지 수영하는 사람들은 주로 남자들인 까닭에 남자들이 압도적으로 상어 공격의 희생자가 되는 것이다.

교통사고 관련 통계에서도 이 같은 오류는 종종 등장한다. 통계에 따르면, 시속 80km 이상으로 과속할 때보다 보통 속도로 달릴 때 사고가 더 많이 난다고 한다. 그렇다면 정말로 빠른 속도로 달리는 것이 더욱 안전할까? 아니다. 대부분의 운전은 보통 속도에서 이루어지므로 사고도 보통 속도에서 더 많이 나는 것이다. 또 교통사고는 대부분 집 주위 50km 이내에서 많이 발생한다고 한다. 그러니까 장거리 여행이 더 안전하다는 주장 역시 어리석은 생각이다. 사람들은 대부분 집 주위에서 운전하는 일이 더 많기 때문이다. 비슷한 사례는 얼마든지 찾을 수 있다. 우리나라의 경우 교통사고로 희생당한 어린이의 약 38%가 집으로부터 반경 1km 이내에서 사고를 당한다고 한다. 그렇다고 집에서 멀리 떨어진 곳에서 노는 아이들이 더 안전한 것은 아니다. 단지 대다수 아이들이 집 주위에서 놀기 때문에 집 주위에서 일어나는 사고가 많은 것이다.

보험개발원에서 1993년 한햇동안의 교통사고를 분석한 통계에 따르면, 오후 4시부터 6시 사이에 사고가 가장 많이 발생한다고 한다. 그렇다고 오전 4시에서 6시 사이에 운전하는 것이 오후 4시에서 6시 사이에 운전하는 것보다 안전하다고 할 수 없다. 오후 4시에서 6시 사이 교통량이 가장 많기 때문에 사고도 많은 것이다. 이에 반해 교통사고의 치사율은 오전 4시에서 6시 사이에 가장 높은 것으로 나타나고 있다. 사고 피해자의 연령별 분포를 보면 30대가 26%로 가장 많았다. 이 통계를 인용한 한 신문기사에서는 30대 피해자가 많은 이유로 그들이 술을 자주 마시는 나이이기 때문이라고 상상력(?)을 발휘해 분석하고 있지만, 실제로는 운전자 중에서 30대 비율이 가장 높기 때문에 피해도 30대가 많은 것뿐이다.

비교 기준을 제시해 숫자 비교를 헷갈리게 하는 경우도 많다. 소비자 권장 가격을 예로 들어보자. 소비자 권장 가격은 1970년대 말에 유통업체의 지나친 폭리를 막고 가격 질서를 바로잡기 위해 만든 것이다. 소비자 권장 가격이란 제조업체들이 이 정도 가격에서 소비자들이 샀으면 해서, 또는 소매업체가 이 정도 받으면 적당한 이윤을 남길 것이라고 생각해서 매긴 가격이다. 따라서 권장 소비자 가격은 소비자들에게 그 상품에 대한 적정 가격의 기준 역할을 한다.

사람들은 물건을 살 때 가격에 신경을 많이 쓴다. 지불하는 가격이 적정한지 확인하기 위해 상품 가격을 자기가 생각하는 기준 가격reference price과 비교한다. 소비자들이 주로 사용하는 기준 가격은 과거에 같은 물건을 살 때 지불했던 가격일 수도 있고, 현재의 시장 가격일 수도 있다. 소비자 권장 가격도 바로 이 같은 기준 가격의 역할을 한다. 그런데 화장품·의약품·의류·세제·가전제품 등의 소비자 권장 가격을 실제 판매 가격에 비해 터무니없이 높게 표시하는 바람에 소비자들이 현혹당하는 사례가 빈발하여 사회 문제가 된 적이 있다. 그럼 기업들은 왜 기준이 되는 가격을 실제 판매가격보다 높게 매기는 것일까?

여기에는 소비자들로 하여금 소비자 권장 가격보다 훨씬 낮은 가격으로 물건을 샀다는 느낌을 갖게 하여 판매를 증가시키기 위한 의도가 깔려 있다. 경영학에서는 이 이득을 거래 효용transaction utility이라고 한다.[20]

그러나 다른 상점에서도 똑같은 할인 가격에 그 상품이 팔리고 있다는 사실을 소비자들이 알면 소비자 권장 가격은 기준 가격으로서의 역할을 더 이상 하지 못하게 된다. 그러면 소비자들은 어떤 가격을 지불하더라도 늘 속는 기분이 들 것이다. 또한 제조업체와 유통업체 그리고 소비자 사이의 건전한 유통질서 수립에 큰 장애가 발생할 것이다.

물건 값을 올리고 싶어 하는 제조업체들이 여러 가지 규제와 소비자의 감시 때문에 함부로 물건 값을 올릴 수 없는 경우에는 소비자들의 기준을 헷갈리게 하는 방법을 사용한다. 즉 소비자들이 나름대로 갖고 있는 그 물건에 대한 기준 가격을 적용하지 못하도록 하는 것이다. 대표적인 방법으로는 이름을 바꾸거나 용기를 다르게 하거나 과대 또는 호화 포장을 하는 것 등이다. 이렇게 해서 새 상품인 양 판매하면 소비자들은 이미 갖고 있는 기준 가격을 새 상품에 적용하지 못하고 새로운 기준(오른 가격)을 정하게 되는 것이다.

이런 '기준 헷갈리기' 수법은 다양한 상품 품목에서 행해지고 있다. 예컨대 PC 소프트웨어를 판매할 때 같은 프로그램이라도 포장만 크게 해서 포장을 안 한 것에 비해 값을 두 배 이상 받아 소비자들의 불만을 사는 경우가 있다.

서민들이 즐겨 먹는 자장면은 통계청의 물가조사 품목에 포함되어 있어 값을 마음대로 올릴 수 없다. 그래서 중국집에서는 다르게 만든 자장면이라고 주장하면서 '수타 자장면', '정통 옛날 맛 자장면' 등으로 이름을 붙여 비싼 값을 받는다. 거의 똑같은 자장면을 이름만 살짝 바꾸어놓음으로써 고객들로 하여금 비싼 자장면 가격을 종전의 가격과 비교하지 못하도록 하는 것이다.

32
다 빈치의 IQ가 135라고?

어림수를 사용하는 이유는 어떤 것을 숫자로 나타낼 경우 여러 가지 한계 때문에 정확하게 계산할 수 없기 때문이다. 그렇다고 땅에서 솟아난 듯 근거가 전혀 없이 어림수를 만들어도 된다는 의미는 아니다. 우리나라의 1994년도 경찰청 통계연보에 나타난 터무니없는 어림수의 예를 들어보자.

통계 연보에 따르면 각종 범죄로 인해 발생하는 재산피해가 113조 6,000억 원에 달한다. 당시 우리나라 한 해 예산보다 큰 액수다. 사람들이 그 엄청난 피해의 크기에 놀라자 경찰청에서는 피해 규모를 4조 5,000억 원으로 수정했다. 컴퓨터 입력 과정에서 착오가 빚어졌다는 변명이었다. 주먹

구구식으로 통계를 만들면 통계에 대한 사람들의 불신을 해소하기가 더욱 어려워진다.[21]

다음은 한 스포츠 일간지의 성性 칼럼에서 인용한 글이다.

성관계를 가능하게 하는 남성의 발기 시간이 20세에는 43분, 25세까지는 54분, 30세까지는 47분, 40세까지는 41분, 45세까지는 31분, 50세까지는 29분, 55세까지는 27분, 60세까지는 22분, 65세까지는 19분, 70세까지는 7분이라는 말도 있다. 연령별 지속시간이 분分까지 자세히 나와 있지만 역시 이런 수치가 어떻게 해서 계산이 되었는지는 밝히지 않고 있다. 초秒까지 정확하게 제시하지 않은 양심(?)에 감사해야 할 정도다.[22]

가장 터무니없는 숫자를 조작해 낸 사람으론 독일인 바이루스Weirus를 빼놓을 수 없다(Campbell, Stephen K., Flaws and Fallacies in Statistical Thinking, New Jersey; Prentice-Hall Inc., 1974, 4쪽). 바이루스는 16세기 후반에 살았던 의사다. 13~14세기의 중세 유럽에서 마술은 하나의 뛰어난 능력으로 대우를 받았다고 한다. 그것이 15세기로 내려오며 마술은 이단異端과 배교背敎란 이름 아래 재판받기에 이르렀으며, 마녀사냥이 시작됐다. 바이루스가 살았던 16세기는 마녀사냥이 한창인 시기였다. 어떤 지방에서는 두 개 마을의 여성이 몽땅 처형되기도 했고, 하루에 133명을 처형한 마을도 있었으며, 1년에 5,000명 이상을 화형에 처한 도시도 있었다고 한다. 이런 상황에서 바이루스는 지구상에 살고 있는 악마demons의 숫자가 정확히 740만 5,926명이라고 계산했다. 더욱이 그는 한술 더 떠서 이 악마들은 72개의 대대大隊로 나누어 있고, 각각의 대대는 왕자가 지휘한다고 주장했다. 우리나라의 도깨비, 몽달귀신, 달걀귀신, 빗자루귀신, 그리고 기타 수많은 산신령들까지 하나도 빼먹지 않고 어림했는지는 알 수 없지만 하여튼 그 정확함에는 귀신도 기가 막힐 노릇이다.

다음은 지능지수IQ에 관한 신문 칼럼의 일부다.

"보통 사람이 못하는 일을 해내는 사람은 천재다. 모차르트의 지능지수는 150이었다. 프랑스의 여류소설가 조르지 상드의 IQ는 150이었고 볼테르가 170, 괴테는 186로 되어 있다. (…) 그러나 꼭 150이 천재의 기준이 되는 것은 아닌 듯하다. 갈릴레오는 145였고 다윈, 베토벤, 레오나르도 다 빈치 등도 135였다. 그런가 하면 렘브란트, 코페르니쿠스 등은 110밖에는 되지 않았다."[23]

심리학자들이 인간의 지능에 관심을 가지기 시작해 지능검사를 개발한 것은 20세기 초의 일이다. 코페르니쿠스나 레오나르도 다 빈치가 살았던 시대에는 IQ 테스트가 없었음이 확실하다. 죽은 사람들의 혼을 불러다 지능검사를 한 것은 아닐 테고 어떻게 그들의 지능지수를 측정했는지 궁금하기만 하다.

심리학자들이 인간의 지능에 관심을 가지기 시작해

지능검사를 개발한 것은 20세기 초의 일이다.

죽은 사람들의 혼을 불러다 지능검사를 한 것은 아닐 테고

어떻게 그들의 지능지수를 측정했는지 궁금하기만 하다.

우리 사회에 민주화의 열기가 대단하던 시절에는 전국에서 많은 시위가 있었다. 그러나 시위에 참가한 군중의 수에 대한 추산은 경찰과 주최측이 언제나 크게 달랐다. 어느 숫자가 맞는지 판단할 방법이 없는 언론에서는 언제나 경찰이 추산한 숫자와 주최측이 추산한 숫자를 함께 발표했다. 시위에 참가한 사람들의 숫자를 놓고 벌이는 실랑이는 꼭 우리나라에만 한정된 일이 아니다. 최근 미국 워싱턴에서 열렸던 '100만 흑인남성 대행진'의 참가자 수를 놓고 흑인과 경찰당국의 설전이 뜨겁다고 한다. 집회가 끝난 뒤 경찰은 참가자 수가 40만 명 정도라고 공식발표했다. 그러자 참가자 수가 100만 명을 넘었다고 주장하는 흑인 회교지도자 루이 패러칸Louis Farrakahn은 경찰에 재집계를 요구하고 신속한 답변이 없을 경우 법원에 재집계를 위한 소송까지 불사할 것이라고 경고했다. 참가자 수를 놓고 이렇게 실랑이를 벌이는 이유는 뭘까? 아마도 그들의 정치적인 영향력을 축소하거나 과시하려는 의도 때문일 것이다.

1963년 워싱턴의 같은 장소에서 흑인 민권운동가 마틴 루터 킹Martin Luther King 목사가 주도한 집회에는 20만 명이 모였다. 그 집회에서 킹 목사는 "나에겐 꿈이 있다I have a dream"라는 유명한 연설을 함으로써 흑인의 민권운동을 한 단계 발전시켰다. 흑인 지도자를 꿈꾸는 패러칸은 그의 영향력을 과시하기 위해 참가자 수를 늘리려는 것이고, 검찰측에서는 과격한 노선으로 물의를 빚고 있는 패러칸의 영향력을 축소하기 위해 숫자를 줄이려는 것이다.

시위참가자 숫자와 마찬가지로 그 크기가 논란이 되는 것이 또 있다.

바로 화재 피해액 추산이다. 경찰과 피해당사자의 피해액 추산은 항상 큰 차이가 있는데, 화재보험 보상과 관련된 피해당사자의 추산이 소방경찰의 추산보다 언제나 훨씬 크다. 그런데 그 차이가 너무 클 때는 누구 말을 믿어야 할지 당황스럽기만 하다.

예전에 광주에 있는 금호타이어 공장에 큰 화재가 있었다. 그런데 소방당국과 화사측이 추산한 피해액이 무려 100배의 차이가 나서 논란이 됐다. 회사측은 피해액이 총 185억 원에 이른다고 하고 소방당국은 피해액을 1억 8,000여만 원으로 집계했다.

세계 인구는 분명 늘어나고 있는데, 반대로 인구가 줄어들고 있다고 주장하는 사람도 있다. 그 궤변은 이렇다. 사람마다 2명의 부모가 있고 부모는 또 각각 2명의 부모가 있다. 즉 한 사람에게는 4명의 조부모가 있다. 그런데 그 조부모들에게는 또 각각 2명의 부모가 있다. 이렇게 조상의 수는 한 세대를 올라갈수록 두 배씩 늘어난다. 이런 식으로 중세까지만 올라가도 한 사람의 조상 수는 100만 명이 넘으니까 중세시대의 인구는 오늘날의 100만 배가 넘는다는 주장이다. 무엇이 잘못되었을까? 바로 조상이 이중계산 된 것이다. 내 동생의 모든 조상과 나의 모든 조상이 같은 사람인데, 그들이 다른 사람으로 계산된 것이다.

이런 이중 계산방식은 오늘날에도 여전히 존재한다. 자동차 · 조선 · 중공업 회사가 파업을 할 때면 그 파업으로 인한 손실이 하루에 수백억 원이나 된다고 언론에서 발표한다. 자동차 공장이 파업하는 경우 피해액은 공장에서 생산되어야 할 자동차 값이 대부분을 차지한다. 그런데 여기에

다가 부품회사 손실 등이 덧붙여진다. 하지만 자동차 값에 이미 부품 값과 부품회사의 마진이 모두 포함되어 있는 것이다. 물론 파업에 따른 국가의 손실을 막기 위해 파업은 빨리 해결돼야 하겠지만, 그렇다고 해서 파업으로 인한 손실을 이중 계산으로 부풀린다면 문제의 올바른 해결을 기대하기 어렵다.

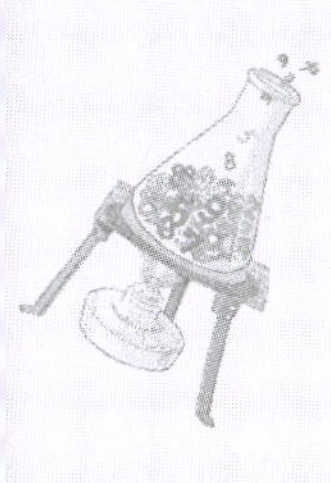

CHAPTER 5

수치를 모르면 코 베어가도 모르는 세상

33
평균을 강요하지 않는 사회를 위하여

"사람사람이 본시 모두 제가끔 저 생겨먹고 싶은 대로 생겨 먹어 그 쌍통 생김새가 하나도 똑같은 놈 없고."

김지하 시인의 '대설大說 남南, 첫째 판 산수水山' 첫머리에 나오는 말이다. 이처럼 우리는 어릴 때부터 사람들이 서로 다르다는 것을 자연스럽게 받아들이며 성장한다. 인종, 나이, 성별, 몸무게, 키 등이 모두 같더라도 취향이나 행동은 전혀 다른 경우가 대부분이다. 나와 거의 모든 면에서(성격이나 식성까지도) 거의 흡사한 내 친구 가운데 하나는 나보다 술이 몇 배나 세다. 똑같은 체구에 같은 식사와 안주를 먹는데도 그 친구의 알코올에 대한 인내(?)가 나와 너무 다르다는 것을 체험할 때마다 나는 앞으로는 두 잔을 잡아달라고 우긴다.

주택, 그 중에서도 아파트는 평균 가정을 대상으로 만들어진다. 가족 수에 따라 크기가 다르기는 해도 각 크기의 아파트는 거의 비슷하게 만들어진다. 물론 몇 개의 신도시를 포함해 수백만 가구를 건설하려면 똑같은 형태로 대량 생산을 할 수밖에 없겠지만 입주한 가정은 그 가정이 평균적인 가정과 다른 만큼의 불편을 감수해야 한다.

> "집합주택이나 주택단지처럼 불특정 다수를 대상으로 하는 건축물 내지 환경의 계획이나 설계에서는 통계학적으로 추출된 추상적인 인간상을 발주자 또는 이용자로 착각한다. 그런 잘못을 자각 없이 저지르게 된다. 같은 대지 위에 김 아무개의 집을 설계하는 경우와 강 아무개의 집을 설계한 결과는 상당히 달라야 마땅하다. 그런데도 집주인이 많아질수록, 그리고 집주인이 확정되지 않을수록 집주인 개인의 구체적인 이질성이나 다양성보다 추상적인 동질성과 공통성을 중시한다. 이질성과 다양성도 평균치라는 편리한 대표치로 통계 처리해 버린다. 그 결과 실재할 리도 없고 실재할 수도 없는 평균치적 인간이라는 것을 과학이라는 조작에 의해 탄생시킨다."[24]

평균적인 사람, 즉 모든 면을 고려했을 때 중심이 되는 사람은 존재하지 않는다. 그러나 사회는 '평균적인 사람'을 표준으로 놓고 그것에 맞추도록 강요하는 경우가 많다. 평균에 맞추는 것이 아니라 평균으로부터 떨어져 있음이 인정되고 고려되는 분위기, 다양성이 존중되는 사회를 만드는 것은 사회 속에서 모두가 행복하기 위한 필요조건이다. 프랑스 사람이 개성이 강할 수 있는 것은 그런 개성이 존중되는 사회적 분위기 때문이라고 풀이하기도 한다.

"나는 이 얘기에 나오는 프랑스 노신사에게서 프랑스인의 특징을 보았지요. 모든 사람이 다 좋다 해도 '나는 아니야'라고 말할 수 있는 개성을 말이에요. 아마 드골이었을 거예요. 치즈의 종류만 300가지를 먹는 프랑스 사람만큼 통치하기 힘든 국민도 없을 거라고 술회했던 사람이. 그렇게 개성이 강한 사람들이 모여 살면서도 그래도 조화를 이루고 있는 것을 보면 신기할 정도지요. 나는 그것이 똘레랑스tolerance 때문에 가능하다고 생각했지요. 똘레랑스가 뭐냐고요? 글쎄, 한마디로 정의하긴 어려운데, '나와 다른 남을 허용하고 관용하는 것'이라는 정도로 알고 여기선 그냥 넘어가도록 하지요."[25]

획일화된 사회에 대한 이야기가 나오면 빠질 수 없는 것이 일본이다. 일본이라는 나라는 일본주식회사라고 불릴 정도로 집단주의가 체질화된 나라다. 심지어 어린 학생이 집단에서 소외되어(공부를 잘 한다든가 뛰는 행동을 한다든가 등의 이유로) '이지메(집단 학대)'를 당하며 괴로워하다가 자살하는 사건이 종종 일어난다. 물론 경제적 풍요와 신세대의 개성을 따르는 경향으로 변화의 바람이 불고 있다 해도 일본에서 개성에 대한 이지메는 여전히 강한 영향력을 발휘하면서 개인의 생활을 지배하고 있다.

"좀 우스운 이야기지만, 나는 거기(외국인을 위한 일본생활 안내책자)에 쓰고 싶었던 글이 있다. 이름 하여 '일본에서 욕 안 먹고 살아가는 방법'이다. 그 내용은 대강 다음의 세 가지다.

1. 가만히 있고, 앞서지 마라. 언제나 끝까지 기다려라.

2. 남이 하는 대로 따라만 하라. 어떤 예외도 인정되지 않는다.

3. 모든 것이 이미 정해져 있다. 네 스스로 길을 찾으려 하지 마라. 어느 것이 먼저일 것도 없다.

이 세 가지가 두루 섞이면 된다.

…모든 것이 다 정해져 있다. 그러므로 그 길을 따라가면 된다. 그런 수동 태로 살아가면 되는 나라가 일본이다.

…예외는 인정되지 않는다. 예외가 없는 생활, 이것은 말을 바꾸면 여유가 없다는 뜻도 된다. 그러나 일단 그 약속된 울타리 안에 들어가 있으면 그렇 게 편할 수가 없다.

…정해진 대로 그렇게 약속되어 있는 대로 산다는 것은 익숙해질수록 편 하기는 하다. 그러나 이것은 또한 얼마나 견딜 수 없는 구속인가."[26]

"우리 사회도 단일민족과 동질적인 문화 속에서 긴 역사를 이어오면서 우 리 나름대로의 획일적인 관습을 강요하고 이질적인 것을 인정하는 데 인 색해 왔다. 그러나 우리는 프랑스의 치즈 종류보다 훨씬 가짓수가 많은, 아니 각 가정마다 다른 김치 맛을 즐길 줄 아는 민족이다. 강 건너마다 장 맛이 다르고 큰 산 너머마다 곡조가 다른 아리랑을 그 맛대로 즐길 줄 아는 사람들이다. 지방에 따라, 계절에 따라, 버무리는 재료에 따라, 넣는 젓갈에 따라, 담그는 어머니의 손길에 따라 맛이 다른 것이 김치인데, 평균 김치의 맛이 있을 리 없고 평균 아리랑의 곡조가 있을 수 없다. 김치맛과 아리랑의 다양한 곡조를 그 특징대로 음미하듯이 사회 속에서 다양성이 허용되어 지고 개인의 개성이 나름대로의 미덕으로 존중되어야 할 것이다.

도공陶工에게는 청자靑瓷 연적硯滴의 가지런한 연꽃잎을 하나쯤 꼬부라지게 하는 여유가 있고, 그것을 바라보는 우리들에게는 그 꼬부라짐의 미학美學을 감상할 줄 아는 깊이가 있지 않은가?

덕수궁 박물관에 청자연적이 하나 있었다. 내가 본 그 연적은 연꽃 모양을 한 것으로, 똑같이 생긴 꽃잎들이 정연整然히 달려 있었는데, 다만 그 중에 꽃잎 하나만이 약간 옆으로 꼬부라졌었다.…한 조각 연꽃잎을 옆으로 꼬부라지게 하기에는 마음의 여유를 필요로 한다."(피천득, 수필 중에서)

34
표본만 조사해도 다 나와!

우리는 바야흐로 각종 조사의 홍수 속에 묻혀 살고 있다. 사회의 민주화, 국민의 알 권리에 대한 충족, 그리고 몇 번의 선거 경험을 통해 이제는 '최근 조사에 따르면' 이라는 문화에 익숙해져 있다. 대부분의 사람들은 한번쯤 전화조사에 응답해 본 경험이 있을 것이다. 신문과 TV에서는 각종 그래프와 수치로 장식된 다양한 조사 결과를 쉴새없이 발표한다. 이제 어떤 주장이나 기사도 조사 결과를 요약한 숫자와 함께 제시되지 않으면 근거가 없는 또는 비과학적인 것처럼 여겨진다. 그러나 사람들이 다양한 조사 결과를 항상 올바르게 이해하는 것은 아니다. 따라서 조사를 하는 사람이나 조사 결과를 받아들이는 쪽 모두가 왜곡된 정보를 주고받게 될 가능성이 매우 높다. 이런 가능성을 풍자한 유머가 있어 소개한다.

어떤 사람이 수학자에게 2+2는 얼마냐고 물었다. 수학자는 4라고 퉁명스럽게 대답했다. 대답이 너무 간단해 옆에 있던 통계학자에게 다시 물었다. 통계학자는 답은 신뢰수준 100%에서 4이며 오차한계는 0이라고 말했다. 대답이 너무 복잡해 이제는 옆에 있던 여론조사자에게 2+2가 얼마냐고 다시 물었다. 질문을 받은 여론조사자는 심각한 표정을 짓더니 주위를 조심스럽게 둘러보고 창문을 닫으며 커튼을 내린 뒤, 질문한 사람의 귀를 당겨 긴장된 목소리로 귓속말로 이렇게 되물었다.
"2더하기 2가 몇이 되기를 원하십니까?"

이러한 왜곡의 가능성을 없애기 위해서는 조사 결과를 받아들이는 사람들이 조사에 대한 안목을 길러야 한다. 일반인이 조사나 결과해석에 대한 안목을 높인다면 조사하는 사람들도 질적 수준을 갖춘 조사를 할 수밖에 없을 것이다. 조사에 대한 안목을 높인다는 말은 곧 조사과정에서 발생할 수 있는 잘못을 이해하고, 그런 잘못이 일어났을 때 그것을 피해가면서 결과를 올바로 해석함을 말한다.

조사에는 학문적인 주제를 연구하기 위한 학술조사, 시장과 소비자의 행태에 주된 관심을 두는 시장조사, 민심의 소재와 정책수립에 관련된 여론조사, 그리고 선거와 직접적으로 관련된 선거여론조사 등 다양한 종류가 있다. 그러나 이러한 구분은 편의상 나눈 것일 뿐 실제로는 여러 목적이 혼합된 조사가 많다. 조사의 내용이나 목적이 다양해도 본질적으로 대부분의 조사는 같은 성격을 지닌다. 전체를 다 조사하는 것이 아니라 전체의 일부인 표본만 조사해 전체에 대해 예측하는 것이다. 그러나 표본만 조사해 얻은 결과를 가지고 전체를 예측하는 과정에서 여러 가지 오류와 왜곡이 발생할 수 있다.

표본조사 과정은 긴 연결고리로 이어진 매듭에 비유할 수 있다. 각각의 연결고리가 모두 튼튼해야 견고한 매듭이 되듯이 훌륭한 조사도 각 단계가 올바르게 수행돼야 한다. 조사과정의 어느 한 단계에서라도 잘못이 있으면 전체의 조사는 신뢰성이 낮은 결과를 낳는다. 전체가 아닌 일부 표본을 조사하는 방법은 최근에 개발한 기법이 아니다. 아마 인류 역사만큼이나 오래된 방법인지도 모른다. 아주 오래 전 인류가 물물교환하던 시절, 짐승 가죽을 쌀과 바꾸려던 우리 조상은 그 쌀이 오래되거나 변질된 것은 아닌지 알기 위해 우선 한줌을 쥐어 냄새도 맡아보고 몇 알 씹어도 보았을 것이다. 바로 표본조사를 한 것이다.

깍두기 담그는 솜씨가 좋은 내 이모에게 한번은 "맛있는 깍두기 담그는 비결이 무어냐"고 물은 적이 있다. 이모 말인 즉 "깍두기 맛은 무맛에 있다"는 것이다. 이에 나는 맛있는 무는 어떻게 고르느냐고 물었다. "무는 얇은 껍질과 알찬 속이 중요한데 무를 살 때마다 일일이 다 잘라 검사할 수 없으니까 가장 좋은 방법은 한 무더기(같은 밭에서 수확한) 무에서 그 무들을 잘 대표하는 무를 하나 골라 그것을 잘라 겉과 속을 조사한다"고 말씀하셨다. 그 무가 나쁘면 전체 무가 좋지 않다고 판단해 무 한 개 값만

물어 주고 다른 가게로 가서 같은 방법을 반복한다. 한 무더기의 무에서 그 무더기를 대표하는 무를 찾아내는 것은 이모만의 비결이라고 했다. 한 가정주부의 맛있는 깍두기 담그는 비결에 지나지 않지만 그 속에는 표본조사의 가장 중요한 요소, 즉 표본의 대표성에 대한 생활의 지혜가 담겨 있다.

그럼 표본의 대표성이란 무엇일까? 대표성에 대해 이야기하려면 먼저 모집단이라는 것과 표본에 대해 이야기해야 한다. 모집단이란 연구 대상이 되는 집단이라고 간단히 정의할 수 있다. 각종 조사의 목적은 특정 모집단의 특성(모여 있는 정도나 흩어진 정도, 다시 말하면 평균이나 표준편차)에 관한 정보를 얻기 위한 것이라고 할 수 있다. 이 정보를 얻기 위해 모집단을 일일이 전부 조사하는 방법을 전수조사라고 한다.

우리나라 인구와 주택을 조사하기 위해 5년마다 한 번씩 하는 인구·주택조사가 대표적인 전수조사의 예다. 그러나 전수조사는 비용과 시간이 많이 들고 모집단이 무한이 많아 모두 조사하기 어려운 경우도 있다. 또한 전구 타이어 가전제품 등과 같이 성능을 조사하는 과정에서 제품이 파괴되는 경우에도 전수조사는 불가능하다. 따라서 대부분의 경우에는 모집단의 일부를 뽑아 이 표본에 대해서만 특성을 조사한 뒤, 이를 근거로 모집단의 특성을 추정하는 방법, 즉 표본조사를 한다.

표본조사는 적절하게 수행할 경우 전수조사보다 더 정확할 수도 있다. 예를 들어 큰 항아리에 가득 들어 있는 콩의 수를 센다고 할 때 전수조사를 서너 번 하더라도 세는 작업의 단조로움 때문에 오류가 생겨 셀 때마다 그 수가 차이난다. 차라리 항아리에서 한 그릇의 콩을 퍼내 그 그릇 안의 콩을 정확히 센 뒤 항아리 속에 몇 그릇이 들어가는가를 감안해 전체 콩의 수를 추정하는 것이 쉽고 빠르고 정확할 것이다.

전수조사에서 계산상의 오류에 대한 실제 예를 하나 들어보자. 국보 32호인 해인사의 팔만대장경 경판은 정확히 모두 몇 장일까? 그 대답은 '아직 아무도 정확히 모른다' 다. 일제 때인 1915년 실시한 전수조사에 따르면, 경판 수는 8만 1,348장이었다. 1975년 실시된 문화제관리국의 전수조사에 따르면 경판 수는 8만 1,240장이었다. 1995년 유네스코 세계문화유산으로 지정돼 이제 세계적으로 유명해진 팔만대장경 경판이지만 아직 정확한 숫자를 모르는 것이다.

표본조사의 효용과 활용에 대한 실제 예를 들어보자. 비행기 표를 살 때는 한곳에서 최종 목적지까지 가는 표를 사고 요금을 지불한다. 예를 들어 비행기로 서울에서 미국의 마이애미까지 가는 표를 산다고 할 때, KAL영업소에 가면 아마도 서울에서 미국 애틀랜타까지는 KAL비행기 표를, 애틀랜타에서 마이애미까지는 외국항공사의 연결 티켓을 줄 것이다. 요금은 외국항공사에 지불해야 하는 몫까지 우선 KAL에 지불한다. 물론 KAL은 해당 항공사 몫을 나중에 돌려준다.

미국처럼 큰 나라에서 항공기는 우리나라의 고속버스와 같이 사람들의 이용이 흔하고 항공사 수도 많다. 항공 수요가 급증한 1950년대 중반 이후 미국 항공사들은 항공요금을 각 항공사 몫으로 정확히 나누는 지루한 작업(비용도 당시로서는 큰 액수인 12만 달러가 매년 지출됨)에 골머리를 앓고 있

좋은 표본이란 표본이 모집단의 축소판 닮은꼴이 되는 것이다.
표본이 모집단의 축소판 닮은꼴이 되지 못할 때 어떤 결과가 일어나는지를
가장 잘 나타내주는 속담이 있다. 바로 '장님 코끼리 만지기'라는 말이다.

었다. 그래서 고안해 낸 것이 표본조사다. 당시에는 전체 티켓의 중 12%의 표본을 과학적으로 뽑아 각 항공사의 몫을 정밀조사한 뒤 이를 근거로 전체에 대한 각 항공사의 몫을 추정했다. 이러한 표본조사 결과와 실제로 전수조사를 한(무려 4개월이 걸림) 금액과의 차이는 100만 달러당 약 700달러로 근소했다.

표본에서 얻은 자료로부터 전체의 크기를 추정했던 놀라운 사례는 제2차 세계대전 중에도 있었다. 미국과 영국의 연합군은 독일의 군수장비 생산량을 알아내기 위해 통계학자로 하여금 독일군으로부터 노획한 장비에 적혀 있는 일련번호를 이용해 각 장비의 생산량을 추정하도록 했다. 그 과정은 1부터 일련번호가 적힌 구슬이 들어 있는 항아리에서 표본을 꺼내, 표본의 크기와 최고 높은 일련번호를 이용한 간단한 공식으로 전체 구슬의 수를 추정하는 것과 다름없었다. 전쟁이 끝난 뒤 확인해 보니 추정치의 대부분은 독일이 실제로 생산한 장비들의 수와 거의 일치할 정도로 정확했다. 더욱이 연합군의 추정치는 독일의 수치보다 훨씬 신속하게 계산됐다. 왜냐하면 연합군은 표본조사의 방법을 적용했고 독일은 생산이 완전히 끝났을 때 수치를 집계했기 때문이다. 전쟁이 끝날 때까지 계속 생산되었던 V-2 미사일의 경우 독일은 그 미사일의 전체 생산량을 몰랐지만, 연합군은 미사일이 발사될 때마다 생산량을 추정할 수 있었다. 물론 추정된 미사일 숫자도 전후에 실시한 조사 결과 매우 정확한 것으로 입증됐다.

그러면 표본조사를 할 때 가장 중요한 것은 무엇일까? 바로 좋은 표본

 괴짜 통계학

을 뽑는 것이며 좋은 표본이란 간단히 말해서 표본이 모집단의 축소판 닮은꼴이 되는 것이다. 다른 말로는 모집단을 대표할 수 있는 표본, 즉 대표성을 갖는 표본을 뽑아야 한다는 것이다. 그러면 대표성에 대해 이야기를 해 보자. 국이나 찌개의 간을 볼 때는 먼저 서너 번 휘휘 젓는다. 새로 담그는 김치의 간을 볼 때도 먼저 양념과 배추를 골고루 버무린다. 왜일까? 국 한 숟가락이, 배춧잎 한 조각이 전체를 대표할 수 있어야 그 맛으로 전체의 간이 맞는가를 추정할 수 있기 때문이다.

함지박에 가득 담긴 딸기를 살 때 함지박 위에 있는 딸기 몇 개만 조사한 뒤, 딸기가 크고 잘 익어서 좋구나 하며 몇 근을 산다면 낭패를 보기 십상일 것이다. 함지박 위에 놓인 딸기들은 함지박 안에 있는 전체 딸기를 대표하지 못한다. 대개는 크고 좋은 딸기를 잘 보이도록 위에 올려놓고 속에는 그렇지 못한 딸기들로 가득 채워져 있기 때문이다.

표본이 모집단의 축소판 닮은꼴이 되지 못할 때 어떤 결과가 일어나는지를 가장 잘 나타내주는 속담이 있다. 바로 '장님 코끼리 만지기'라는 말이다. 표본이 축소판 닮은꼴이 되지 못했을 때 어떤 잘못이 일어날 수 있는지를 다음 사례가 보여준다.

1936년의 미국 대통령선거는 공화당의 랜던Alfred M Landon 후보와 민주당의 루스벨트Franklin D Roosevelt 후보와의 대결이었다. 〈리터러리 다이제스트Literary Digest〉라는 잡지사는 1,000만 명의 유권자에게 설문지를 우송한 뒤 230만 명으로부터 회수한 응답을 분석했다. 그 결과에 따라 이 잡지사는 랜던이 루스벨트를 여유 있게 누르고 당선될 것이라고 예측했다.

그러나 실제 선거 결과는 민주당의 루스벨트 후보가 압도적인 지지로 당선이 됐다. 무려 230만 명이나 되는 유권자를 조사했는데도 이런 실수를 한 원인은 무엇일까? 바로 표본이 모집단을 대표하는 축소판 닮은꼴이 되지 못했기 때문이었다. 이 잡지사는 잡지의 정기구독자와 전화번호부를 근거로 1,000만 명을 선정하여 설문을 보냈다. 그 당시의 미국경제 상황을 고려할 때 잡지의 정기구독자나 전화보유자는 소득이 높은 계층에 속했다. 더욱이 그 해 선거에서는 유권자들의 후보(또는 후보가 속한 당) 선택이 유권자의 소득수준과 밀접한 관련이 있었다. 따라서 소득이 낮은 계층은 민주당을, 높은 계층은 공화당을 특히 선호했다. 〈리터러리 다이제스트〉가 뽑은 표본 속에는 루스벨트 후보 지지자가 상대적으로 적었기 때문에 조사 결과가 틀렸던 것이다. 이 실수는 짧은 선거여론조사의 역사 속에서 가장 유명한 일로 기록되고 있다. 〈리터러리 다이제스트〉는 그 후 폐간의 길로 접어들었다. 대표성이 없는 표본은 그 크기가 아무리 크더라도 모집단의 특성을 올바르게 예측할 수 없다.

이러한 실수는 1948년 미국의 대통령 선거에서 반복됐다. 갤럽이나 로퍼 등 유수한 여론조사기관이 모두 공화당 후보인 듀인Dewey의 승리를 예측했다. 그러나 실제 선거에서는 민주당 후보인 트루먼Truman이 당선되었으며, 트루먼 당선자가 선거 직후 듀인의 승리를 보도한 〈시카고 트리뷴〉을 머리 위에 들고 찍은 사진은 선거여론조사에서 가장 유명한 사진으로 기억되고 있다. 역시 잘못된 예측의 원인은 대표성이 없는 표본, 즉 고소득층의 유권자들이 표본에 너무 많이 포함되었기 때문이다.

 괴짜 통계학

1992년 영국 총선에서도 유수한 여론조사 기관들이 모두 노동당이 근소한 표차로 우세할 것으로 예측했으나, 결과는 보수당이 노동당을 따돌리며 승리했다. 영국의 여론조사 역사에서 가장 기록적인 오보가 된 이 결과 역시 대표성 없는 표본이 원인이었다. 영국의 여론조사는 주로 가구 방문 조사를 통해서 이루어지는데, 이때 응답 거부율이 45% 정도 된다고 한다. 나중에 분석한 바에 따르면 응답을 거부한 사람들이 조사에 협조적인 사람에 비해서 보수당 지지율이 높았다고 한다. 따라서 응답 거부자를 제외한 표본에서 노동당 승리가 예측되었지만 실제 선거에서는 보수당이 승리한 것이다.

35
오르가슴을 통계로 나타낸다고?

STATISTICS

앞장에서 표본이 축소판을 닮은꼴이 되지 못했을 때 어떤 잘못이 일어날 수 있는지 잘 보여주는 1936년과 1948년 미국 대통령선거 예를 살펴보았다. 이런 사례는 아주 오래 전의 것이고 그 후 50여 년 동안 여론조사 기법은 매우 정교하게 발달해 왔다. 그러나 최근에도 이런 잘못은 여전히 반복되고 있다.

우리나라의 예를 들어보자. 1987년 13대 대통령 선거 당시 모 신문사는 여론조사 결과 K후보가 승리할 것이라고 예측했다. 표본 추출은 서울, 부산 등 대도시에서 실시했다. 따라서 대도시의 야당 지지 성향이 크게 반영돼 K후보가 우세한 것으로 나타났다. 그러나 실제로는 다른 후보가 당선됐다. 중소도시 및 농촌 지역의 유권자가 표본에서 제외됐기 때문에 잘못 예측한 것이다. 또 1995년의 서울시장 선거에서 모 금융기관이 수만 명을 조사한 결과 당시 민자당의 J후보가 당선되리라고 예측했다. 그러나 결과는 전혀 달랐다. 표본은 수만 명이나 됐지만 틀린 예측을 한 이유는 역시 자명했다. 수천 명의 보험판매원을 동원해서 고객(보험 가입자)을 상대로 한 조사는 대표성이 없다.

1994년 가을, 각 일간지에는 다음과 같은 기사가 해외 토픽에 실렸다. 그 기사를 우선 그대로 옮겨보자.

[美 남성, '우울할 땐 섹스' 여성들은 '쇼핑, 간식' 즐겨]

성인 남성들은 우울한 기분을 떨쳐버리기 위한 우선적 방법 중 하나로 성 관계를 택하는 반면, 여성들은 친구와 대화를 하거나 쇼핑 또는 간식을 자주 하는 것으로 나타났다. 이 같은 결과는 최근 발간된 미국의 〈성격 및 사회심리학 저널〉에 따른 것으로 102명의 대학생과 308명의 노년층 및 26명의 정신과 의사 등을 대상으로 조사한 결과라고 한다.[27]

이 조사 결과에 따르면, 미국의 성인 남자는 우울한 기분을 떨쳐버리기 위해 주로 섹스를 하고 여성들은 대화 쇼핑 간식 등을 한다는 내용이다. 이 결과는 〈성격 및 사회심리학 저널〉이라는 전문 학술지에 실린 것이므로 누구도 이 조사의 신뢰성을 의심하지 않을 것이다. 그러나 과연 이 결과가 믿을 만한가? 조사 대상은 남녀를 합해 총 436명으로 표본의 수가 적은 편에 속한다. 더욱이 조사 대상자의 구성을 보면 대학생 102명, 노년층 308명, 그리고 정신과 의사 26명이 전부다. 이들은 미국의 성인을 대표한다고 결코 말할 수 없다. 그러므로 여기에서 나온 결과에 굳이 의미를 부여할 필요가 없다. 이처럼 대표성 없는 조사 결과가 그대로 발표되는 학술지라면 그 수준을 의심할 수밖에 없다. 물론 신뢰성 없는 결과가 여과되지 않고 사실인 양 뉴스거리가 되는 언론도 문제가 있다. 그렇다면 대표성을 갖는 표본은 어떤 표본인가? 바로 표본을 뽑는 방식에 달려 있다. 대표성을 갖는 표본은 모집단으로부터 되는대로 뽑은random sampling(무작위 추출 또는 무작위 표집이라고 함) 표본을 말한다. 무작위 추출이란 모집단에 속한 대상이 표본에 뽑힐 확률이 모두 동일한 것을 말한다. TV에서 주택복권의 당첨번호를 고를 때 숫자가 적힌 과녁에 활을 쏘거나 유리항아리 속의 번호가 적힌 탁구공을 꺼내는 방법이 무작위 추출의 전형적인 예다.

어느 경우에나 0에서 9까지의 숫자가 뽑힐 확률은 동일하다. 그러나 모집단이 큰 경우에는 무작위 표집은 다음의 실례에서 알 수 있듯이 비용도 많이 들고 쉽지도 않다.

1940년 미국의 한 지역에서는 병력을 동원하기 위해 문자 그대로 무작위 표집을 사용했다. 그 지역 동원 대상자 1만 명 중 일부를 추출하기 위해 각자의 이름을 종이에 써서 조그만 캡슐capsule에 넣은 뒤, 다시 1만 개의 캡슐을 커다란 항아리bowl에 넣고 섞었다. 그 다음 지역 유지들이 눈을 가린 채 캡슐을 뽑았다. 그러나 결과는 뜻밖에도 무작위 추출에서 기대되는 결과와는 전혀 다르게 뽑힌 사람들이 일부 동네에 치우쳐 있었다.

원인은 1만 개의 캡슐을 골고루 섞는 작업이 쉽지 않았고 따라서 선발이 치우쳐서 나타난 것이다.

요즘은 이렇게 항아리에서 숫자를 꺼내는 대신 훨씬 쉬운 방법인 난수표random numbers를 이용한다. 난수표란 미리 숫자를 무작위로 배열해 놓은 표를 말한다. 모집단에 속한 대상에게 일일이 일련번호를 매긴 뒤 난수표를 이용해 표본을 뽑으면 무작위 표집이 된다.

모집단이 사람인 경우에는 실제적으로 단순한 무작위 추출은 문제가 생길 수 있다. 예를 들어 전국의 20세 이상 성인에 대해 여론조사를 한다고 하자. 성인의 여론은 지역에 따라, 소득에 따라, 나이에 따라 다를 수도 있다. 이런 경우에는 우연히 한쪽에 치우친 표본이 뽑힐 가능성을 줄이기 위해 모집단을 여러 층strata으로 나눈 뒤, 각 층에서 무작위 추출을 하게 된다. 대부분의 여론조사는 다단계 층화 무작위 표집을 이용하는데, 다단계란 예를 들어 모집단을 지역, 성별, 나이 등으로 구분한 뒤 인구비례에 맞게 무작위 추출을 하는 것이다. 이제 여론조사에 관한 기사에서 아래와 같은 문구가 무엇을 의미하는지 이해할 수 있을 것이다.

"조사는 1990년 인구센서스 자료를 바탕으로 성별, 연령별, 지역별 인구비례를 고려해 전국의 20세 이상 성인 남녀 2,000명(제주도 제외)을 표집해 숙련된 면접원이 통일된 설문지로 면접 조사했다."

무작위 표집의 특징 중 가장 중요한 것은 표본을 뽑는 사람의 판단이나 편리함이 전혀 고려되지 않는다는 점이다. 이 특징은 표본의 대표성을 유지하기 위한 필수적인 조건인 셈이다. 그러나 이를 무시하고 표본을 뽑는 사람의 판단이나 편리함을 고려한 표본추출 방법도 있다. 예를 들어 판단표집judgement sampling은 연구자나 전문가의 판단에 따라 표본을 뽑는 것이고, 편의표집convenience sampling은 뽑기에 편리한(주로 가까이에 있는) 표본을 추출하는 방법이다.

길거리를 지나가는 사람에게 물어보는 것이 편의표집의 대표적인 예다. 이들 방법은 학자들이 연구시에 무작위 추출이 실제로 어려운 경우나 연구의 예비적인 결과를 미리 알아볼 때 사용되는데, 그 결과를 해석할 때는 표본의 비대표성을 고려해 성급한 일반화를 삼가야 한다. 그러나 편의표집이나 판단표집에 의한 조사들이 마치 무작위 추출에 의한 결과인 양 제시, 설명되는 경우가 많아 사실을 왜곡함을 물론 조사에 대한 일반인의 신뢰를 떨어뜨린다.

한 가지 예로 현대인들의 성욕이 크게 감퇴되어 이른바 'LSD Low Sexual Desire : 低性慾 신드롬'이라는 증상이 나타나고 있다고 한다. 이러한 증상은 여러 가지 스트레스, 급격히 부상한 여권에 따른 여성의 성적 매력 저하 등이 주원인이라고 한다. 그런데 이러한 주장의 과학적 근거로 제시되고 있는 실험이 재미있다. 이른바 오르가슴orgasm으로 묘사되는 사정射精의 순간을 측정한 뇌파지수가 지난 20여 년 동안 190에서 170으로 떨어졌다고 한다. 과학적 실험의 결과라 신뢰성이 높을 것 같지만 과연 그럴까?

오르가슴이란 지극히 주관적인 느낌인데 뇌파지수로 이 느낌의 크기를 과연 측정할 수 있을까? 만일 그렇다고 해도 오르가슴의 정도는 섹스 대상에 따라 달라질 수도 있다. 더욱이 뇌파 측정을 하기 위해 섹스를 하는(실험에서는 자위행위를 시켰으리라 추측됨) 사람들의 머리에 여러 가닥의 전기선을 연결한 후 조사를 벌인다면, 생각만 해도 LSD신드롬에 걸릴 것 같다. 이 실험에 참여했던 남자들은 극단적인 편의표본으로서 당연히 전체 남자들을 대표할 수는 없다. 또한 실험의 내용을 고려할 때 표본의 수(실험에 참가한 사람들의 수)도 충분하지 못했을 것이다. 과학적인 근거로 제시되는 실험결과지만 조금만 생각해 보면 설득력이 약한 근거임을 알게 된다.

대부분의 사람들이 한 번쯤은 들어본 적이 있는 〈킨제이 보고서〉라는 것이 있다. 이 보고서는 1950년대에 발표되어 세계를 깜짝 놀라게 했는데, 그 내용은 이 보고서의 내용은 미국인들이 개방적인 성관계free sex를 즐기고 비정상적인 것까지도 포함하는 성생활을 왕성하게 한다는 것이었다. 과연 그럴까? 성생활에 관한 질문은 가장 사적이고 은밀한 것이기 때문에 사람들이 거짓말을 할 수 있다는 사실을 반드시 고려해야 한다. '1주일에 몇 번 섹스하느냐?' 는 질문에 진실된 응답을 하는 사람이 몇이나 될까? 응답한 내용과 실제의 행동과는 전혀 다를 수도 있는 것이다. 따라서 응답의 결과를 그대로 해석한다면 잘못된 결론에 도달하기 쉽다. 보고서의 문제점도 응답을 있는 그대로 해석했다는 데 있다. 다음에 인용한 〈킨제이 보고서〉에 대한 한 통계학자의 비판이 이를 대변해 준다.

처음 그 (킨제이)보고서를 읽었을 때 나는 매우 긍정적이고 깊은 인상을 받았다. 당시 나는 조사의 흥미로운 결과에 주로 초점을 두었고 조사방법에는 거의 주의를 기울이지 않았다. 내가 조사가 행해진 방법에 관심을 돌리자 조사의 결점들이 눈에 들어오기 시작했다. 그러나 그런 결점들은 사소한 기술적인 문제들로 생각했다. 마치 거대한 기념물의 표면에 난 흠집 같은, 전체적인 결론에는 영향이 없이 세부적으로 결과의 일부를 수정하기만 하면 되는 그런 결점으로 생각했다. 두세 개의 오류 요인을 감안하더라도 대부분의 결과는 여전히 중요하고 흥미로울 것이라고 생각한 것이다. 하지만 조사에 사용된 통계적 방법을 자세히 살펴보고는 보고서 안에 있는 사실들에 대해 신뢰를 가질 수 없었다. 사실 내가 보기로는 조사방법의 결점이 너무 커서 그 보고서는 중요한 영역에 대해 새로운 접근을 시도했다는 역할 이상의 가치가 있는 것으로 평가하기 불가능하다.[28]

36
원하는 답을 유도하는 질문

'사람들에게 무엇을 어떻게 질문할 것인가'는 조사에서 매우 중요한 사항이다. 객관적인 조사 결과를 위해서는 질문을 작성하는 데 많은 주의를 기울여야 한다. 유명한 여론조사가 앨버트 캔트릴Albert Cantril의 말대로 여론조사의 성패成敗는 그 조사에서 묻는 질문의 질과 직결되기 때문이다. 그러나 질문을 만드는 것이 전적으로 조사자에게 맡겨져 있으므로 조사자의 주관적인 의도나 편견이 그 과정에서 얼마든지 개입될 수 있다. 질문 방식에 따라 응답이 달라질 수 있음을 보여주는 대표적인 예가 유도성 질문이다.

사람들은 자기의 소신이나 가치판단에 앞서 사회적으로 바람직한 방향으로 대답하려는 경향이 있다. 유도성 질문이란 질문에 미리 도덕적인 가치판단을 깔아 놓음으로써 은연중에 답을 원하는 방향으로 유도하는 질문이다. 간단한 예를 들어보자.

"생명을 가진 태아에 대한 살인행위인 낙태를 찬성합니까? 아니면 반대합니까?"

"여성의 자유선택권을 보장하는 낙태를 찬성합니까? 아니면 반대합니까?"

낙태abortion는 미국에서 사회적으로 큰 논란이 되고 있는 이슈다. 이에 대한 여론조사를 할 때 가톨릭계가 주를 이루는 낙태반대론자Pro Life는 처음 질문을 선호하고 여성운동가들이 주를 이루는 낙태허용론자Pro Choice들은 두번째 질문을 이용할 것이다. 도덕적인 판단을 미리 내림으로써 원하는 답을 유도하려는 것이다.

올바른 질문은 "당신은 낙태를 찬성합니까? 아니면 반대합니까?"라고 간단히 묻는 것이다.

과거에 지방선거를 한 달 정도 앞두고 여당과 야당은 기초자치단체장 등 일부 후보의 정당 공천 여부를 놓고 법 개정을 위한 실랑이를 벌인 적이 있다. 각 당의 입장을 지지하는 여론조사 결과를 얻으려면 아마도 다음과 같은 유도성 질문을 각각 사용했을 것이다.

"공천장사 등의 우려가 있는 정당공천제를 찬성합니까? 아니면 반대합니까?"

"정당정치를 통한 책임정치를 이룩할 수 있는 정당공천제를 찬성합니까? 아니면 반대합니까?"

대학생의 시위를 민주회복을 위한 투쟁이라고 유도할 때와 국가안보를 위협하는 폭력이라고 유도할 때에도 응답은 크게 차이가 난다. 노조의 파업도 올바른 대접을 받기 위한 노동자의 노력이라고 규정할 때와 사회적·경제적으로 불안을 조장하는 요인이라고 규정할 때 다른 결론을 이끌어낼 수 있다. 이처럼 많은 조사에서 유도성 질문이 노골적으로 사용돼 여론조사에 대한 신뢰도를 떨어뜨리고 있다. 다음의 두 인용문이 이를 단적으로 말해 준다.

"1980년대 말 이후 여론조사 붐이 일었으나 그 오류는 위에 지적한 것 이외에도 한두 가지가 아니다. '이제 깨끗한 정치를 위한 법적·제도적 장치는 마련됐다고 합니다. 이번에 통과된 정치개혁법이…선거혁명을 이루는 데 얼마나 도움이…' 라는 식으로 유도성 질문을 떡 먹듯이 한다."[29]

"더군다나 설문 조사를 더욱 믿지 못하게 하는 것은 설문의 방식이다. 대개 그 설문 조사를 실시하거나 의뢰하는 것은 언론인데 특정 정당에 대한 그들의 입장이 너무도 노골적이라 응답 내용의 유도가 의심되기 때문이다. 그렇지 않고서야 어떻게 같은 설문에 대한 응답이 언론마다 차이를 보이는가."[30]

도덕적인 가치 판단을 언급하지 않더라도 간단한 단어 한마디로 유도성 질문을 할 수 있다. 예컨대 "서울시가 교통문제 해결을 위해 모든 조치를 다하고 있다고 생각하는가?", "서울시가 시민문제에 대해서 항상 올바른 결정을 내린다고 생각하는가?"라는 질문처럼 도달하기 힘든 기준(모든 조치, 항상 올바른 결정)을 제시함으로써 부정적인 응답을 유도할 수도 있다. 또한 금지·허락과 같은 권위적인 단어를 사용해 응답을 유도할 수도 있다.

또한 질문을 만드는 것뿐 아니라 응답 항목을 만들 때도 주관적인 의도가 개입될 수 있다. 어떤 조사가 맞고 틀리다고 단정 짓기보다는 응답 항목에 따라 차이가 날 수 있다는 사실을 이해해야 한다. 그러면 중립 항목이 꼭 포함되어야 하는지 여부가 문제가 된다. 지지도나 투표와 같은 문항의 경우 어차피 지지하느냐 또는 지지하지 않느냐로 결정될 테니까 중립 항목을 없애고 강제로 응답을 해야 한다는 의견이 있다. 반면 정치적이나 인간적으로 호好, 불호不好의 감정이 분명하지 않은 부동층이 존재할 수 있으므로 중립 항목이 반드시 필요하다는 의견도 있다. 따라서 중립 항목의 포함 여부는 조사 목적에 따라 알맞게 결정이 되어야 한다. 중요한 것은 어떤 응답 항목에 대한 응답 비율을 높이려는(또는 낮추려는) 조사자의 의도가 개입되어서는 안 된다. 그러므로 어떤 조사 결과를 대하거나 이를 판단의 근거로 활용해야 할 때 질문이나 응답 항목에 답을 유도하는 문장이 있는지 유심히 살펴볼 필요가 있다.

37
표본의 크기와 대표성

표본의 크기, 즉 몇 개의 표본을 뽑아야 모집단을 대표할 수 있는가는 매우 중요한 문제다. 표본의 수가 너무 적다면 모집단에 대한 잘못된 추정을 하기 쉽고, 반대로 표본의 수가 필요 이상으로 많으면 시간과 비용을 쓸데없이 낭비하는 셈이 된다. 그러면 적당한 표본의 크기를 좌우하는 요인은 무엇일까? 그 기준은 모집단이 얼마나 다양한가variability와 조사가 어느 정도 정확도를 요구하는가에 달려 있다. 피검사를 예로 들겠다. 의사는 피검사에서 아주 소량의 피만 뽑아 검사한다. 왜일까? 피가 몸 안의 어느 곳에 있더라도 그 질이 균등하다고 생각하기 때문이다. 마찬가지로 사람들의 평균 몸무게를 조사한다면 수십 명으로도 충분하지만 다양한 의견이 있을 수 있는 여론조사에서는 그보다 많은 사람이 필요하다.

좀더 정확한 조사를 위해서는 표본 수를 증가시켜야 한다. 일반적으로 50명 미만의 표본 수는 적고, 전체 모집단의 10%가 넘으면 필요 이상 많다고 보면 된다. 조사의 성격과 목적에 따라 표본 수가 달라지므로 표본의 대표성을 갖추기 위해서는 조사자의 경험과 판단에 크게 의존할 수밖에 없다. 적은 표본으로부터 큰 결론을 내린 예를 몇 가지 살펴보자.

'강현욱 학생층 − 유종근 블루칼라' 강세

1995년의 6 · 27 지방선거 한 달여 전인 5월 19일자 〈조선일보〉 기사 제목이다. 전북 도지사 후보 중에 강현욱 후보는 학생층에서, 유종근 후보는 블루칼라층에서 강세를 보인다는 여론조사 결과를 근거로 분석한 것이다. 그러나 내용을 살펴보면 강현욱 후보는 학생층 31명 중에서 10명으로부터 지지를, 유종근 후보는 블루칼라 40명 중 15명에게서 지지를 얻었을 뿐이었다. 내용은 소표본에서 얻은 결과로 별 의미가 없는데도 불구하고 기사 제목은 확신 있는 결과처럼 발표하고 있다. 그러나 이런 사례가 예외적인 것이 아닌 우리들이 종종 마주하게 된다는 데 문제가 있다. 표본 수가 적은 조사나 실험에서는 별 의미 없는 희한한 결과가 일어날 수 있다는 것이 통계학의 상식이다. 다시 말해 만일 표본 수가 너무 적으면 모집단에 대한 잘못된 추정을 하기 쉽다. 표본 수가 하나인 경우에는 말할 필요도 없다. 담배골초인 내 친구에게 건강을 생각해서 담배를 끊으라고 말했더니 "담배는 건강에 좋아, 왜냐하면 우리 할아버지는 진짜 골초인데 90세까지 장수하시고 있어"라고 대답한다.

한 개의 표본으로부터 자기가 믿고 싶은 결과가 나왔으니 더 이상 표본 수를 늘릴 필요가 없다는 것이다. 이렇게 적은 표본으로부터 얻은 결과를 침소봉대針小棒大하는 현상은 어떤 고집스런 개인의 전유물이 아니라 우리 주위에서 종종 볼 수 있는 수문맹의 한 현상이다. 다음의 신문기사를 보자.

〈이집트 거지, 시간당 100달러 벌어. 공무원 평균 월급의 2배에 달해!〉

최근 이집트에서 경찰에 체포된 여자 걸인 1명을 조사한 결과 체포 직전 구걸 행위만으로 이집트 공무원 평균 월급의 두 배에 해당하는 시간당 100 달러의 고소득을 올리고 있었던 사실이 드러났다. 이 걸인은 기자 피라미드 인근 도로에서 구걸 행위로 시간당 300 이집트 파운드를 벌어들인 것으로 조사됐는데, 그녀는 체포된 직후 '절호의 기회'를 박탈당했다고 강력히 반발했다. 이집트에서 구걸 행위를 하다가 적발될 경우 최하 1개월에서 최고 1년까지 징역형에 처하도록 되어 있다.[31]

체포된 이집트 걸인 한 명을 조사한 결과 공무원 평균 월급의 두 배에 달하는 소득을 올린다는 사실이 드러났다고 국제통신사AFP가 법석을 떤다. 이 기사를 읽은 이집트 공무원 중에서 수문맹인 사람은 거지로 직업을 바꾸려고 할지도 모른다. 이 기사는 다음과 같이 해석하면 된다. 아침에 영업(?)을 시작한 이 거지는 그날 현진건의 단편소설과 같은 '운수좋은 날'을 맞이하게 된 것이다. 영업을 시작하자마자 아마도 환율을 착각한 어떤 외국인이 지폐 몇 장을 깡통 속에 넣길래 꺼내 세어보니 무려 300이집트 파운드였다. 난생 처음 만져보는 큰돈에 정신이 팔려 경찰이 오는 줄도 모르고 있다가 그만 경찰한테 잡히고 말았다. 경찰이 거지의 수입을 조사한 결과 한 시간 영업에 수입 300파운드. 이 놀랄 만한 뉴스는 훌륭한 기사거리가 되어 국제통신망을 통해 다음 날 전 세계 신문지면을 채웠다.

물론 표본 수가 많다고 해서 조사 결과의 신뢰성이 반드시 높은 건 아니다. 의학 분야에서 실제로 수행된 조사의 예를 들어보자.

1954년에 미국 암 협회 소속의 두 과학자가 흡연과 폐암의 확실한 상관관계를 입증하는 인상적인 논문을 미국 의학협회지에 발표했다. 그들은 18만 7,766명의 남자들 흡연습관을 조사했고, 조사 후 20개월 동안 조사 대상자 중에서 폐암으로 사망한 사람들을 파악했는데, 그 결과는 비흡연자의 폐암 사망률은 0.03%, 흡연자의 폐암 사망률은 0.13%였다.

조사 결과는 흡연자의 폐암 사망률이 비흡연자보다 4배나 높다. 따라서 흡연이 폐암 주범이라는 것을 많은 사람들을 실제로 조사한 결과로 입증한 것처럼 보인다. 그러나 한 통계학자는 이 조사는 조사 대상자 선택에 문제가 있어서 그 결론이 의심스럽다고 지적했다. 그의 비판은 조사 대상자의 선택과 관련된 두 가지 사항이었는데 그 내용을 요약하면 다음과 같다. 첫째, 조사에 참여한 흡연자나 비흡연자 집단 모두 미국 남자들의 폐암 사망률보다 훨씬 낮은 사망률을 나타냈다. 이러한 사실은 조사가 건강한 사람들만을 대상으로 실시됐다는 것을 나타낸다. 둘째, 조사 대상자 중에서 흡연자의 비율이 다른 조사에서 나타난 흡연자의 비율보다 낮다는 것이다. 이 사실은 많은 흡연자들이 조사에 참여하기를 거부했음을 말해 준다. 이어서 그 통계학자는 두 변수 사이에 아무런 관계가 없는 가상적인 자료를 만들었다. 그리고 이 자료에서 대표성이 없는 표본을 뽑았을 때 모집단에 아무 관계가 없는 것도 표본에서는 높은 상관을 나타낼 수 있음을 입증했다.

사례 ❀ 다이어트는 과식을 부른다. 뇌 물질 분비혼란 '반작용' 촉발

다이어트는 과식 욕구라는 뇌 속의 반작용을 일으키기 때문에 효과를 거둘 수 없다는 연구 결과가 나왔다. 영국 옥스퍼드에 있는 리틀모어 병원의 E. M 클리퍼드 박사는 과학전문지 〈네이처Nature〉에 발표한 연구보고서에서 다이어트는 아미노산 트립토페인이라는 뇌 속의 화학물질 분비에 혼란을 일으켜 과식하고 싶은 욕구를 촉발하는 것으로 쥐 실험결과 밝혀졌다고 말했다. 그는 이를 확인하기 위해 20~39세의 여성 12명을 대상으로 실험한 결과 하루 칼로리 섭취량을 1,000칼로리로 제한하고 있는 여성은 정상적인 칼로리를 섭취하는 여성에 비해 아미노산 트립토페인 분비량이 적은 것으로 나타났다고 밝혔다.[32]

 붙이는 피부암 치료제 개발

원자력연구소-연세대학 팀, 세계 최초로 환부 밀착 강력방사선 방출

 우울증 "자기자극법 효과" 美 연구팀, 20분 간격으로 환자 왼쪽 이마 쏘아

우울증을 치료하는 데에는 '두개골 자기자극법TMS'이 효과가 있다는 연구 결과가 나왔다. 영국의 과학전문지 〈뉴사이언티스트Newscientis〉 최근호는 미국 워싱턴 근교 국립정신건강연구소의 마크 조지 박사 연구팀의 우울증환자 치료 사례를 소개하면서 이같이 밝혔다. 〈뉴사이언티스트〉에 따르면, 조지 박사는 1994년 11월 다섯 번 발작을 일으키고 자살 시도까지 했던 40대 후반의 여성 우울증 환자에게 자기자극법을 적용, 커다란 효과를 거뒀다. 그는 야구글러브 크기의 전자기파 발생장치를 이 여성의 이마 왼쪽 부위에 대고 20분 간격으로 자기파를 쏘았다. 처음에는 별다른 반응을 보이지 않던 이 여성은 "3년 만에 처음으로 즐거운 기분을 느꼈다"고 말했다.[33]

의학 분야에서 하는 임상실험은 가장 과학적인 조사(실험)에 속한다. 그러나 문제는 예비실험, 즉 소수의 사람을 대상으로 한 실험에서 종종 발생한다. 예를 들어 환자 10여 명을 새로운 방법으로 치료했는데, 만약 그 치료법이 효과가 있으면 그 결과를 동료 의사뿐 아니라 언론에도 발표하고 싶은 유혹을 받는 것이다. 실제로 일어났던 한 소동의 이야기를 간단히 소개하겠다.

노인성 치매를 의미하는 알츠하이머병Alzheimer's disease이 있다. 영국의 유명한 대학에서 이 병의 치료법을 개발했다고 모든 신문이 대서특필한 적이 있었다. 그러나 사건의 전말은 이런 것이었다. 그 대학에서 4명의 치매 환자에게 새로운 치료 방법을 실험했는데, 18개월 후에 세 명의 환자는 현저히 좋아졌고 나머지 한 명은 더 이상 상태가 악화되지 않았다. 이런 내용이 기자들에게 알려지자 의사들은 기자회견을 열었고 실험에 참가한 환자 한 명은 회견장에서 증언을 했다. 물론 의사들은 이 치료법이 초기 단계이며 아직 치매의 효과적인 치료법으로 증명된 것은 아니라고 덧붙였다.[34]

그러나 신문기사에는 '치매에 대한 실험 성공', '새로운 치료법이 희망을 주다' 등의 제목이 붙여졌다. 그 후 몇 달 동안 그 대학병원에는 치매환자가 있는 가족으로부터 치료에 관한 수천통의 문의전화가 걸려오는 소동이 벌어졌다. 그러나 아직도 치매에 관해서는 치료는 고사하고 그 원인조차 규명하지 못하고 있는 게 현실이다. 이처럼 우리는 치매나 암에 대한 새로운 치료제 개발, 에이즈의 치료법 발견 등과 같은 의심스러운 주장들을 뉴스를 통해 종종 접한다. 그러나 역시 이들 병에 대한 치료법이 아직 개발되지 않은 상태다. 몇 명의 환자를 대상으로 한 임상실험결과는 별 의미가 없다. 환자들은 새로운 치료법에 대해 다양한 반응을 보이게 마련이므로 충분한 수의 환자를 대상으로 실험이 이루어져야 한다.

임상실험에서 대상 환자를 뽑을 때도 여론조사에서와 같이 응답자의 대표성이 당연히 고려돼야 한다. 그러나 이런 실수는 여전히 반복되고 있다.

〈사례 1〉을 보자. 다이어트가 뇌 속의 반작용을 일으키기 때문에 과식하고 싶은 욕구를 불러일으킨다는 연구보고서다. 유명한 과학전문지 〈네이처〉에 발표되었지만 실험 대상은 젊은 여성 12명이 전부다. 이들을 다시 칼로리 섭취 제한 여부에 따라 반으로 나누었으니까 실험표본의 크기는 6명이다. 별 의미 없는 예비조사 결과일 뿐인데 과학전문지에 발표되었다는 것이 신기하다.

붙이는 피부암 치료제를 개발했다는 기사(〈사례 2〉)가 1995년 3월 28일 각 일간지에 주요 기사로 등장했다. 그러나 이 치료제의 임상실험 대상은 90세 노인 한 명뿐이었다. 피부암은 사실 암이라고 할 것도 없을 정도로 양성良性이며 생명에는 거의 지장이 없다고 한다. 따라서 붙이는 피부암 치료제를 개발한 의사들도 인정하는 바와 같이 앞으로 좀더 많은 환자를 대상으로 임상실험을 해야 그 효과를 입증할 수 있다. 이때 피부암의 종류, 증상의 정도 등이 당연히 고려돼야 한다. 그러나 신문기사의 제목은 세계 최초로 치료제가 개발되었다고 확정적으로 말하고 있다.

〈사례 3〉은 우울증에 전기자극법이 효과가 있다는 실험결과에 대한 기사다. 역시 대상은 심한 우울증을 보인 여자 한 명. 마찬가지로 별 의미 없는 실험인데도 〈뉴사이언티스트〉라는 과학전문지에 실려 많은 독자들을 혼란스럽게 했다.

우리는 일상생활에서도 이런 실수를 자주 저지르는데, 그 대표적인 예가 사람의 한 가지 모습만 보고 그 사람을 다 안다고 평가하는 것이다. 김지하 시인이 "사람사람이 본시 모두 제가끔 저 생겨먹고 싶은 대로 생겨먹어 그 쌍통 생김새가 하나도 똑같은 놈 없고"라고 표현한 것처럼 각각이 상상할 수 없을 정도로 다를 수 있다. 따라서 더 많은 샘플을 본 후, 판단은 천천히 내려도 좋지 않을까.

38
과학적이지 않은 과학실험

사람들은 끊임없이 발표되는 의학적인 조사나 임상시험 결과에 무방비로 노출되어 있다. 월요일에 커피가 암 발생과 관련이 있다는 결과에 놀랐는데, 목요일에는 그렇지 않다는 결과를 듣는다. PC 모니터가 인체에 해롭다든지, 휴대폰이 뇌암을 일으킨다든지, 전자레인지에서 나오는 전자파가 임신부에게는 유산을 일으킬 수도 있다든지 따위의 기사는 당연히 모든 사람이 심각하게 받아들인다. 그러나 한 가지 명확한 사실은 소수의 사람을 대상으로 한 한두 번의 실험결과는 의미가 없는 것이므로 그런 조사 결과는 무시해도 좋다는 것이다. 또한 그런 결과를 발표하는 학자나 이를 전달하는 언론도 그런 결과가 수문맹인 많은 사람들을 혼란에 빠뜨리지 않도록 어느 정도는 신뢰성을 검증해야 한다.

임상시험으로 새로운 치료제나 치료방법의 효과를 명확히 입증하기란 결코 쉬운 일이 아니다. 문제는 어떤 약이나 치료법이 예비실험에서 소수의 환자에게 효과가 있음을 연구자가 확인한 경우에 발생한다. 그는 과연 이 결과를 발표할 것인가 말 것인가를 결정해야 한다. 너무 일찍 결과를 발표하면 많은 환자들에게 낙관적인 희망을 심어주게 된다. 실제로는 약효가 없거나 부작용이 있는 경우에는 환자들을 크게 실망시킴은 물론 병세를 더욱 악화시킬 수도 있다. 반면 추가적인 실험을 계속한다면 이 새로운 치료법으로 혜택받았을 환자들이 더 확실한 결과가 나올 때까지 마냥 기다려야만 한다.

전자의 예를 들어보자. 알약으로 된 피임약이 처음 개발되었을 때, 연구자들은 수백 명의 여성을 상대로 성공적인 임상시험을 끝내고 시판했다. 그러나 그 정제피임약은 그 후 수년 동안 수백만 여성이 사용한 후에야 심장마비 뇌일혈의 부작용이 있다는 사실이 확인되었다.[35]

임상시험이야말로 병과 치료의 인과관계를 밝힐 수 있는 가장 과학적인 방법이다. 따라서 임상시험이 얼마나 올바르게 진행되었느냐에 따라 예비실험결과를 발표할 것인가를 결정해야 한다. 그렇다면 올바른 임상시험은 어떤 것인가? 바로 주의 깊게 계획된 것이어야 한다. 실험의 계획, 수행방법, 대상의 수 등이 실험 목적에 비추어 적절하게 결정되고 실험 과정에서 있을 수 있는 오류의 가능성이 분석되고 제거되어야 한다. 한마디로 말해서 "이 실험이 새로운 치료법의 효과를 과학적으로 입증할 수 있는 실험인가"를 계속 반문해야 한다는 것이다. 또한 실험으로부터 얻은 데이터를 분석하고 해석하는 데에도 연구자의 객관적인 판단이 중요하고 물론 이를 발표하는 언론도 먼저 실험결과의 신뢰성을 검증해야 할 것이다.

과학이라는 말은 현대사회에서 객관적인 진리를 상징하는 말이다. 따라서 사람들은 자기주장에 과학적이라는 포장을 하려고 애쓴다. 마찬가지로 민간요법가들도 그들의 주장에 '과학적'이라는 후광을 씌우고 싶어 한다. 아래에 소개할 기사는 한 일간지에 고정적인 칼럼을 쓰고 있는 어느 민간요법가의 주장에 관한 내용이다. 양파의 효능을 강조하는 기사인데, 양파의 효능이 과학적으로 입증되었음을 강조하려고 인용한 실험 내용이다.

양파의 혈전 방지 작용을 입증하기 위해서 10명의 학생을 대상으로 실험을 했다. 10명의 학생을 3개의 그룹(4명, 4명, 2명)으로 나누어 실험했더니 양파를 먹은 사람들의 혈액이 가장 상태가 좋았다고 한다. 그래서 "아아 위대하고 위대하도다!"라고 양파를 찬양한다.

그러나 콜레스테롤이란 개인의 건강 상태, 신진대사 등에 따라 다르며 실험 대상자가 실험 전날 먹은 음식, 운동량 등과도 관계가 있다. 다른 측정치들도 마찬가지다. 오전 9시에 샌드위치를 먹이고 낮 12시에 피검사를 한 결과로는 아무것도 알 수가 없다. 더욱이 몇 명을 대상으로 한 실험이라면 더욱 그렇다. 몇 명을 대상으로 한 이 같은 실험결과를 놓고 과학적인 규명, 위대하도다 등으로 감격(?)하는 것은 독자들을 지독한 수문맹으로 여긴다는 느낌이 든다. 골초인 할아버지가 90세까지 장수하니까 담배는 몸에 좋다고 말하며 감격한다면 어떻게 생각할까? 양파의 효능은 오래 전부터 잘 알려진 것이므로 차라리 양파의 효능을 설명한 상식이나 의학고전을 인용하는 것이 더 설득력 있다.

39
효과적인 자료수집 방법

조사의 내용이나 목적이 다양해도 본질적으로 대부분의 조사는 전체(모집단)를 모두 조사하지는 않는다. 전체의 일부인 표본만 조사해 전체를 예측한다. 다시 말하면 대부분의 조사에서는 모집단의 일부를 가려 이 표본에 대해서만 특성을 조사한 뒤, 이를 근거로 모집단의 특성을 추정하는 방법, 즉 표본조사를 사용한다. 표본조사의 가장 중요한 요소는 바로 좋은 표본을 뽑는 것이다. 좋은 표본이란 간단히 말해 '표본이 모집단의 축소판 닮은꼴' 이 되는 것이다. 다른 말로는 모집단을 대표할 수 있는 표본, 즉 대표성을 갖는 표본을 뽑아야 한다. 대표성이 없는 표본으로부터는 아무리 신뢰성 있게 자료를 수집하더라도 모집단의 특성을 추정할 때 '장님 코끼리 만지기' 와 같은 오류를 범할 수밖에 없다.

이런 오류를 줄이기 위해 대부분의 여론조사에서는 표본을 선정할 때 대표성을 높이고자 많은 노력을 한다. 예를 들어 우연히 한쪽에 치우친 표본이 뽑힐 가능성을 줄이기 위하여 모집단을 여러 층strata 으로 나눈 뒤 각 층에서 무작위 추출을 하는 방법도 흔히 사용된다. 이를 다단계층화 무작위표집이라고 하는데, 여기에서 다단계란 예를 들어 모집단을 지역, 성별, 나이 등으로 몇 단계를 거쳐 구분하는 것이며 이렇게 구분된 집단으로부터 무작위추출을 한다. 그러나 설문조사에서는 표본의 대상인 사람을 뽑는 것뿐 아니라 뽑은 사람으로부터 어떤 방법으로 원하는 자료를 수집하는가도 중요한 문제가 된다. 자료수집 방법에는 세 가지가 있는데, 우선 개별면접법personal interview 은 면접원이 응답자를 직접 만나서 필요한 정보를 얻는 것이다. 상세하고 다양한 내용의 질문을 할 수 있다는 측면에서 최선의 방법이지만 비용과 시간이 많이 든다.

우편조사mail survey 는 비용이 가장 적게 들고 복잡한 질문에 대한 응답도 얻어낼 수 있지만 응답률이 낮다.

전화조사telephone survey 는 짧은 시간 내에 적은 비용으로 비교적 양질의 자료를 얻을 수 있다는 장점 때문에 가장 많이 사용된다. 어느 방법을 선택하느냐는 소요시간과 비용, 질문의 양과 복잡도 등에 따라 정해진다. 수집할 자료의 내용이 아주 간단하다면 전화조사가 빠르고 정확할 수 있다. 내용이 복잡하고 많다면 우편조사나 개별 면접조사를 한다. 언론에 발표되는 사회적인 현안에 관한 여론조사는 대부분 전화조사로 이루어지고 있다. 전화조사의 문제점 중 하나는 표본의 대표성이 낮다는 것이다.

전화가 없는 가정이나 전화번호부에 등록이 안 된 가정은 제외되고 업무상 전화와 연결될 수도 있으며 통화가 안 되기도 한다. 통화가 되더라도 설문에 대한 응답을 거부하거나 끊어버리는 사람도 많다. 더욱이 전화번호부를 이용해서 지역별, 성별, 연령별로 층화표집을 한다고 할 때 전화번호부에는 연령에 관한 정보가 없으므로 통화가 연결된 가정에서 해당 연령 응답자를 찾아야 한다. 하지만 이 경우 표본의 대표성이 더욱 낮아진다.

조사의 응답률에 있어서도 응답률이 최소한 70% 이상, 즉 최초로 접촉한 사람의 70% 이상이 응답을 해야 최소한의 대표성이 유지된다. 대부분 조사의 경우 응답률이 얼마인지조차 밝히지 않고 있다. 발표를 하지 못하는 이유는 아마 응답률이 낮기 때문일 것이다. 열성적인 사람들은 대개 응답에 쉽게 동의한다. 따라서 응답률이 낮다는 것은 일부 열성적인 사람들만을 대상으로 조사한 것이 되고 만다. 응답률이 50% 이하가 되면 표본조사의 결과를 가지고 모집단에 대해서 추론을 한다는 것이 무리가 된다. 또한 응답항목이 질문의 내용과 일치해야 하는 것도 설문 작성의 기본 요건이다. 그런데 이런 요건마저 지켜지지 않는 경우가 종종 있다. 특히 한 질문에 두 가지 이상의 질문을 포함하는 것이 좋은 예다. 아래의 질문은 선거 시에 종종 반복되는 질문 가운데 하나다.

당신은 이번 선거에서 어느 정당을 지지하는가?
열린우리당(   )

한나라당(　　)

민주당(　　)

민주노동당(　　)

아직 결정하지 않았다(　　)

인물에 따라 투표(　　)

정당 지지도에 대한 질문에 '인물에 따라 투표'라는 투표기준을 응답항목에 포함시킨 것이다. 이 질문에 대한 응답을 근거로 '정당지지도를 묻는 질문에 대해서는 과반수인 55%가 정당과 관계없이 인물에 따라 투표하겠다고 대답했다'라고 분석하고 있지만 이는 잘못된 것이다. 먼저 투표기준, 즉 정당을 보고 찍는지 인물에 따라 찍는지를 묻고 나서 정당에 따라 찍는다고 대답하면 어느 정당을 지지하는지 물어야 한다.

비슷한 조사에서 같은 응답항목에 대한 응답률이 큰 차이를 보이는 이유에는 조사에 따라 질문과 응답항목이 불일치하기 때문인 경우가 대부분이다. 질문과 응답항목이 일치하는 경우일지라도 올바른 순서로 질문을 해야 한다. 따라서 전화조사의 경우 전화를 거는 조사원에 대한 세심한 사전훈련이 필수적이다.

여론조사에 응해 달라는 전화를 받은 것은 지난달 어느 일요일 늦은 오후였다. … 마침 우리나라의 정치여론조사, 특히 질문은 어떻게 하는가가 궁금해서 여러모로 한번 분석해 보려던 터라 차근차근 질문에 응했다. …그런데 한 질문에서 세 정당의 지지도를 묻다가 내 대답이 적극적이지 않으니까 그러면 인물을 보고 투표하느냐고 묻는다.

설문을 만들 때 지켜야 할 원칙 중 중요한 것은 질문의 카테고리 간의 균형을 유지하는 일이다. 그러니까 정당을 보고 찍는지, 아니면 인물을 보고 찍는지를 먼저 묻고, 그 다음에 정당이면 셋 중 어느 정당, 또 인물이면 능력·됨됨이 등을 물어야 하는 것이다.[36]

40
사람들은 자연스럽게 거짓말한다

각종 조사에서 설문에 대한 사람들의 응답을 분석할 때 주의해야 할 또 하나의 사항이 있다. 다름 아닌 사람들은 필요한 경우 언제나 자연스럽게 거짓말한다는 사실이다. 그 질문이 지극히 사적인 내용과 관련된 것이면 더욱 그렇다. 개인소득이 얼마인지, 〈플레이보이PLAY BOY〉 같은 음란 잡지를 보는지, 퇴폐이발소에 출입하는지, 성생활은 어떤지 등에 관한 물음에는 사람들이 속마음을 터놓고 응답한다고 보기 어렵다. 이처럼 질문의 응답자체가 사회적인 규범에 의해 사회적으로 바람직하다고socially desirable 여겨지는 특정한 대답을 할 수밖에 없는 경우, 응답자들은 자연스럽게 거짓말하거나 응답을 거부한다. 예를 들어 "당신은 부인을 때리십니까? ①예 ②아니오"라는 질문에 응답자들은 응답을 거부하거나 자연스럽게 '②아니오'를 선택할 것이다.

이런 경우 조사자는 응답자 자신과 관련된 직접적인 문제가 아닌 일반적인 문제로 바꾸어 "당신은 남자들이 부인을 때리고 있다고 생각하십니까? ①예 ②아니오"로 질문하는 것이 좋을 것이다. 하지만 이렇게 간접적인 문제로 바꿀 수 없는 경우 응답자들의 자연스런 거짓말을 피할 수 없다. 예를 들어보자.

중국의 한 지역에서 세금과 징병의 목적으로 인구조사를 실시했다. 조사 결과 그 지역의 인구는 2,800만 명으로 나타났다. 그런데 몇 년 후 같은 지역에서 기아 구제에 대한 인구조사가 다시 실시됐는데, 인구가 1억 500만 명이라는 결과가 나왔다.

수년 동안 인구가 폭발적으로 증가했을 리 만무하고 처음조사에서는 세금과 징병을 피하려는 목적에서 사람들이 가족 수를 줄여서 응답했을 것이고, 둘째 조사에서는 기아 구제 구호혜택을 많이 받으려는 이유에서 가족 수를 부풀렸을 가능성이 높다. 이런 거짓 응답이 중국의 시골에서만 일어나는 건 아니다. 예컨대 세금을 내기 위한 소득 신고에서 여전히 같은 현상이 벌어지고 있다. 몇 년 전 한 의사 출신 여성이 보사부장관에 임명된 적이 있다. 그런데 며칠 만에 장관직에서 물러나게 됐다. 그 장관은 어떤 병원을 운영하고 있었는데, 세무서의 소득신고 금액은 연 1,000만 원 정도였다. 의사요, 큰 병원의 원장이 소득이 낮을 리 없기 때문에 소득을 낮게 신고한 부도덕성이 여론의 문제가 되자 장관은 사표를 낼 수밖에 없었다. 비슷한 예를 하나 더 들어보자. 최근 어느 신문의 기사 내용이다.

한 변호사가 교통사고로 사망했다. 보험회사에서는 보험금을 지급하기 위해 그 변호사의 소득을 조사했다. 세무서에 신고된 소득은 연 1,000만 원 정도여서 이 신고 소득을 근거로 보상액을 산정했다. 당연히 변호사의 가족들은 이 보상액이 불충분하다며 법원에 소송을 제기했다. 사망한 변호사의 실제 소득은 신고 소득보다 훨씬 높으니 실제 소득을 기준으로 보상받아야 한다고 주장했고, 보험회사측에서는 신고 소득을 기준으로 보상액을 산정하는 것이 합법적이라고 우겼다.

신문기사는 재판에서 누가 이길지 궁금하다는 것으로 끝을 맺었다. 소비자에 관한 시장조사는 비교적 체계적으로 수행되고 있다고 할 수 있다. 어떤 회사에서 새로운 상품을 개발한다고 할 때 그 신상품에 대한 소비자들의 선호 및 그에 따른 수요 예측을 하는 조사기관은 당연히 잘못 예측했을 경우 그 회사가 부담하게 될 엄청난 투자손실을 감안해 철저한 조사를 벌인다. 철저한 조사란 조사의 각 단계에서 생길 수 있는 잘못을 줄이기 위해 필요한 모든 조치를 다한다는 것이다. 그러나 아무리 체계적인 조사를 한다 해도 소비자의 선호에 맞는 신제품 개발은 모험이 따른다. 왜냐하면 소비자의 태도나 선호 등(제품의 사용)은 경험을 통해 자연스럽게 생기는 것이며 또한 시간에 따라 변하기 때문이다. 신제품을 생산하기 전에 소비자에게 실제로 보인 뒤 소비자의 반응을 조사하는 것이 신제품에 대한 시장조사다. 그러나 소비자로서는 처음 대하는(사용해 보는) 신제품에 대해 태도나 선호가 형성될 리 없고, 설사 형성됐다 하더라도 지극히 순간적인 감정에 지나지 않을 것이다. 그러므로 시장조사에서 "신제품이 마음에 든다", "물건이 나오면 바로 사겠다"라고 응답한 소비자들이 정작 매장에 제품이 전시되면 외면하는 경우가 많다. 실제로 그 제품이 시장에 나왔을 때는 시장조사에 근거한 생산자의 예측과 달리 판매가 부진할 수 있다. 소비자가 시장조사시에 거짓말을 한 것이 아니라 소비자의 태도나 선호의 기본적인 속성이 그러하기 때문이다. 대표적인 예를 들어보자

최근에 히트한 상품 중 펌프 농구화가 있다. 농구화는 발목 보호를 위해 발목까지 올라와 있는데, 작은 공기 펌프를 이용해 바람을 넣을 수 있도록 한 농구화가 날개 돋친 듯 팔렸다. 이에 힌트를 얻은 몇몇 회사에서 공 받을 때의 충격을 조절하기 위해 야구 글러브에도 공기를 넣을 수 있도록 한 제품을 개발했다. 이 공기 펌프 글러브에 대한 조사에서 소비자들이 보인 반응은 대환영이었다. 그러나 정작 이 제품을 시장에 내놓았을 때 소비자들은 철저하게 외면했고 제품을 개발한 회사는 적지 않은 손해를 감수해야 했다.

세계의 콜라시장은 코카콜라와 펩시콜라가 양분한 가운데 치열한 경쟁을 벌이고 있다. 1980년대 중반에 이르러 약세를 면치 못했던 펩시측이

공격적인 전략으로 젊은층을 파고들며 시장점유율을 높여가자 이에 위기의식을 느낀 코카콜라측은 오랜 연구 끝에 신제품을 개발해 뉴 코크New Coke 라고 이름 지었다. 신제품은 무려 19만 명이 참여한 시음회에서 큰 호응을 얻었으나, 시판 후 실패상품으로 전락했다. 사람들은 뉴 코크를 외면하고 구제품Classic Coke 을 계속 찾았으며 코카콜라측은 어쩔 수 없이 막대한 돈을 들인 신제품을 창고 속에 넣어야 했다. 이처럼 시장조사를 할 때와는 다르게 소비자의 기호나 선호가 변하기도 하는 것이다. 기호나 선호의 기본적인 속성은 변한다는 것을 염두에 두어야 한다.

41
퍼센트와 퍼센트포인트를 구별하자

연휴를 전후해서 음주운전 단속이 거리 이곳저 곳에서 행해진다. 만약 음주운전에서 적발돼 두 차례나 음주측정을 받았는데, 이 수치가 크게 다르다면(면허취소 기준을 넘었더라도) 이 수치를 믿을 수 있을까? 법원의 판결 결과는 '수치의 편차가 다르다면 이를 믿을 수 없다' 는 것이다. 지난 2000년 서울행정법원의 사건담당 판사는 두 차례 음주운전 측정에서 혈중 알코올 농도가 각각 0.121%, 0.146%로 나와 면허가 취소된 원고가 "이 처분을 취소해 달라"며 서울지방경찰청을 상대로 낸 소송에서 원고승소 판결을 내렸다. 이 원고는 음주측정에서 0.121%의 수치가 나오자 단속 경찰에게 이의를 제기해 다시 측정했고 0.146%가 나와 면허가 취소되자 소송을 냈다.

판결의 내용은 두 차례의 음주측정 결과가 모두 운전면허 취소 기준을 넘어섰더라도 음주측정 수치의 편차가 심하다면 이를 근거로 면허를 취소하는 것은 부당하다는 것이다. 판결문에 따르면, "수치가 두 차례 모두 면허취소 기준인 0.1%를 넘었지만 2분 간격으로 이뤄진 측정치 사이에 호흡측정기 오차범위인 0.005%를 크게 초과하는 차이가 있었던 점에 비춰 당시 이씨의 혈중 알코올 농도가 0.121% 이상이었다고 단정할 수 없다"는 것이다. 이 판결 이전에 대법원에서도 음주측정기의 오차를 인정해 측정치가 오차범위 내에 있는 경우 처벌할 수 없다는 판결이 있었다. 경찰청도 이를 감안해 면허정지나 면허취소 처분을 받았더라도 오차범위 내에 있는 3만 6,,000명을 행정구제한 바 있다. 이처럼 아무리 정교하고 첨단 기술이 담긴 기기라도 측정에는 오차가 있으니 표본조사에서도 오차가 있게 마련이다. 조사 결과를 해석할 때 반드시 오차를 고려해야 한다.

표본조사에서의 오차를 설명하기 위해 골프경기의 예를 들어보자. 골프경기의 TV중계를 보면 가끔 경기자가 공이 있는 곳에서 어느 지점까지 발걸음으로 거리를 재는 장면이 비춰진다. 경기를 하는 골프장의 각 홀마다 여러 지점에서 홀까지의 거리를 미리 표시해 놓는다. 따라서 공으로부터 홀까지의 거리는 공에서 가까이 표시된 지점과 공 사이의 거리만 재면 된다. 물론 눈으로 재도 되지만 골퍼가 정확한 측정을 위해 발걸음으로 재는 경우가 종종 있다. 보통 발걸음의 길이(보폭)는 76센티미터로 12걸음 정도면 10야드(9미터) 정도다. 그러나 발걸음에는 약간의 오차가 있을 수 있으므로 거리를 계산할 때 이 오차를 감안해야 한다. 예를 들어 공과 어느 지점과의 거리가 12발걸음(10야드)이라고 할 때 골퍼는 실제 거리가 9−11 야드 사이에 있다고 생각한다. 이것을 '거리 측정치 10야드에 허용오차가 ±1야드'라고 표현할 수 있는데, 그 의미는 측정한 거리가 10야드이지만 자로 정확히 측정한다면 실제 거리가 9야드에서 11야드 사이에 있을 것이라는 의미다. 표본조사에서의 허용오차도 같은 의미를 갖는다. 표본조사 결과 어느 후보에 대한 지지도가 35%이고 오차의 허용한계가 ±3%포인트라고 하자. 이 말은 모집단 전체를 다 조사할 때 그 후보에 대한 지지도가 35−3%와 35+3%, 즉 32%와 38% 사이에 '거의' 있을 것이라는 의미다. '거의'라는 표현을 구체적으로 설명하면 오차한계 사이에 있을 확률은 신뢰 수준으로 나타낸다. 본문의 예에서 지지도가 35%이고 신뢰수준 95%에서 오차의 한계가 ±3%포인트라면 전체 모두를 조사했을 때의 지지도는 32%에서 38% 사이에 있을 확률이 95%다. 그러나 조사 결과를 해석할 때 이 오차의 한계를 무시하면 잘못된 결론에 도달하기 쉽다.

구체적인 예를 들어보자. 참고로 오차범위는 반드시 %포인트로 나타내야 하는데, 신문기사 등에서는 그냥 %(퍼센트)로 표시하는 경우가 많다. 이 점은 반드시 고쳐야 할 표기다.

"경북 구자춘—이의근—이판석 순"

□ □ 일보(1995.5.29)의 경북 지역 선거조사 기사 제목이다. 후보별 지지

아무리 정교하고 첨단 기술이 담긴 기기라도

측정에는 오차가 있으니 표본 조사에서도 오차가 있게 마련이다.

조사 결과를 해석할 때 반드시 오차를 고려해야 한다.

율은 구자춘(14.0%) 이의근(13.5%) 이판석(9.7%)이었다. 그러나 오차의 한계(4.3%)를 감안하면 세 후보 모두 지지율에서 차이가 없는 상황이다. 따라서 '경북 지역, 지지율 백중세'라는 제목을 붙이는 것이 결과를 올바로 해석한 것이다.

다음은 20대 유권자의 정당선호도에 대한 ㅁㅁ일보(1995.3.29) 기사 제목이다.

"20대 24.6% 대 23.8% 민자 더 선호 '이변'"

20대의 민자당에 대한 지지도는 24.6%로 민주당의 23.8%에 비해 불과 0.8%포인트를 앞서고 있을 뿐이다. 따라서 오차의 한계를 고려할 때 정당지지도의 우열을 판단할 수 없는 조사 결과인데도 민자당을 더 선호하는 '이변'이라고 기사 제목을 뽑았다. 표본오차의 개념을 이해하지 못하고 있거나 조사 결과를 의도적으로 왜곡하려고 이런 제목을 붙인 듯하다.

여론조사기관이나 신문사가 발표하는 여론조사에서 '오차' 또는 '오차의 한계'는 대부분 틀리게 발표되고 있다. 조사 결과를 발표하는 기사에서 오차는 대개 ±3%, ±5% 등과 같이 %로 발표한다. 그러나 이때 %는 잘못된 표현이다. 오차를 나타낼 때는 기준(표본의 크기)이 같으므로 %포인트로 표시해야 한다. 즉 오차는 ±3%포인트, ±5%포인트 등으로 표시해야 한다. 예를 들어 설명해 보겠다. 한 여론조사에서 승용차 10부제에 대한 찬성비율이 53%이고, 오차는 ±5%포인트라고 발표했다. 이 말은 무슨 의미일까. 이 말은 표본조사에서 찬성률이 53%로 나타났지만, 표본이 아닌 전체를 실제로 다 조사하는 경우에는 찬성률이 53−5%와 53+5% 사이에 있을 것이라는 의미다. 하지만 '찬성률이 53%이고, 오차는 ±5%'라고 오차를 그냥 %로만 표현하면 의미가 달라져서 찬성률이 50.3~55.7% 사이에 있게 되는 것이다. 오차를 ±5%라고 표현할 때와 ±5%포인트라고 할 때의 실제 찬성 비율이 존재할 구간은 ±5%라고 할 때가 훨씬 좁으므로 조사가 더욱 정확하다는 왜곡된 인상을 준다. 따라서 여론조사에서 '오차' 또는 '오차의 한계'를 발표할 때는 반드시 ±3%포인트, ±5%포인트 등과 같이 %포인트로 발표해야 한다.

42
속내를 알 수 없는 부동층

선거전의 여론조사에서는 중립 항목이 포함된 경우가 많다. 그 이유는 우리나라 국민의 정치에 대한 높은 관심에도 불구하고 선거조사에서는 부동층이 30% 내지 50%에 달하기 때문일 것이다. 따라서 부동층을 잡기 위한 방안이 각 후보자들의 중요한 선거 전략이 되었다. 언론의 선거결과 예측에서도 부동표 해석이 중요한 변수가 되고 있다.

1994년 대구와 경주 보궐선거에서 민자당은 자체 여론조사를 바탕으로 대구 지역은 백중세를, 경주 지역은 우세를 예상했다. 그러나 결과는 두 곳 모두에서 패했다. 그 이유는 40%로 나타났던 부동표에 대한 투표 성향을 잘못 예측한 데 있었다고 한다. 민자당의 예상과는 달리 부동표는 대부분 야당 성향이었다. 부동층에 대한 정의는 '선거에서 지지 후보를 정하지 못한 유권자그룹'을 말한다. 그러나 부동층 안에서도 '지지 후보를 결정했으나 말해 줄 수 없는 경우'가 많은 것이 우리의 현실이 아닐까?

특히 전화조사에서 이런 현상이 두드러진다. 아마도 그 동안의 권위주의 체제 아래에서 민감한 질문에 대해서는 자신의 의견을 가능한 한 숨기는 것이 안전하다고 생각했기 때문일 것이다. 조사 주체의 의도나 조사 결과의 사용 목적에 대한 의문 때문에도 속마음을 털어놓는 것을 망설이는 사람도 많다. 낯선 사람이 전화 속에서 불쑥 던지는 질문에 진지하게 응답하지 않는 것은 당연히 예상할 수 있는 일이다.

"선거를 앞두고 이 나라 언론들은 한결같이 '전에 없는 부동표'를 무슨 대단한 괴변처럼 떠들어댔다. … 내가 보기에는 이 나라 사람들에게는 '진의 眞意 아닌 의사표시'가 한 정신적인 습성을 이룬 듯하다. 김왕흥 씨의 경우, 나는 그가 투표 당일까지 한 번도 자신의 지지자나 지지 정당을 밝히는 걸 본 적이 없다. 오히려 그를 잘 모르는 사람들이 보면 그야말로 전형적인 부동표로 보였다. 그러나 그의 가족들은 말할 것도 없고, 어지간히 가까운 사람들이면 모두 그가 누구를 찍을지 훤히 알고 있었다. … 게다가 이런 현상은 유독 김왕흥 씨에게만 있는 것도 아니었다. 김왕흥 씨와 자주 어울리는 시장패거리만 해도 투표 당일까지 명확하게 자신의 지지를 밝힌 사람은 하나도 없었다. 하지만 그들 또한 서로들 누가 누구의 지지자인줄 너무도 잘 알고 있는 눈치였다. 그런 그들이 과연 얼굴도 모르는 사람의 갑작스러운 전화에 선뜻 제 속마음을 털어놓았을까?"[37]

전화조사에 응답을 꺼리는 사람들의 심리는 전화조사의 오차를 크게 만든다. 오차가 크면 후보자 간의 지지도 차이가 근소한 국회의원 선거의 경우 전화조사로 누가 당선될지 예측하기 힘들다. 우리나라의 선거 여론조사는 1980년대 후반 처음 시작된 이래 지금까지 여러 차례의 선거를 치르면서 경험을 쌓아왔다. 특히 몇 차례의 대통령 선거와 지자체 선거에서 당선자를 정확히 예측함으로써 조사 능력을 과시하기도 했다. 그러나 1996년, 2000년, 2004년에 실시된 국회의원 선거에서는 틀린 예측이 많아 신뢰가 많이 떨어졌다.

투표 마감 바로 직후 개표가 시작되기도 전에 각 방송사들은 일제히 선거 결과에 대한 예측 방송을 했는데, 사람들은 먼저 그러한 초스피드에 놀랐고 이어서 예측의 큰 오차에 놀랐다. 1996년 선거의 경우, 253개 지역구의 당선자를 예측하기 위해 세 방송사와 5개 조사 회사가 3차에 걸쳐 투표자 공동조사를 실시했다. 조사는 지역구별로 500~1,000명의 유권자에 대해 전화로 실시했는데, 표본은 연령, 성별 외에도 동별, 인구 수, 역대 투표 성향, 부모의 고향, 학력 등을 고려해 선정했다고 밝혔다.

조사 결과 방송사들은 신한국당이 175석, 국민회의 72석, 자민련 33석, 그리고 민주당이 11석을 얻을 거라고 단정적으로 보도했다. 그러나 실제로는 이 예측과 많은 차이가 나 '엉터리 여론조사' 파문이 일어났다.

조사 주체의 의도나 조사 결과의 사용 목적에 대한 의문 때문에도
속마음을 털어놓는 것을 망설이는 사람도 많다.
낯선 사람이 전화 속에서 불쑥 던지는 질문에 진지하게 응답하지 않는 것은
당연히 예상할 수 있는 일이다.

더욱이 로이터 UPI 등 세계 주요 외신은 이 투표 여론조사에 대해 '수백만 달러를 들인 한 편의 코미디', '선거 여론조사 사상 최악의 우둔한 결과' 등의 혹평으로 조롱했고 방송 3사는 뉴스 시간에 공개적으로 사과해야 했다.

잘못된 예측의 원인은 여러 가지로 분석할 수 있다. 조사요원의 대다수가 아르바이트생이었고, 응답 결과를 분석할 때 무응답이나 거짓응답을 충분히 고려하지 않은 것을 일차적으로 지적할 수 있다. 그러나 방송사들이 오차의 한계를 무시하고 선거 예측을 지나치게 단순화해 보도하여 혼란을 더욱 가중시켰다는 것이 전문가들의 일치된 견해다. 오차의 한계를 무시한 방송사들의 속보 경쟁으로 말미암아 선거 예측이 선정적으로 확대 보도되었던 것이다. 조사 결과는 1, 2위의 득표율 차이가 10% 이상인 지역구는 '당선 확실', 5~10%는 '경합' 그리고 5% 이내는 '혼전'으로 분류됐다. 물론 방송사들도 이 오차의 한계를 고려하기는 했다. 즉 175석의 예상이 나온 신한국당의 경우 최소 130석, 최대 189석까지 나올 수 있다고 덧붙였던 것이다. 그러나 방송을 시작하자마자 단정적으로 각 정당별 의석 수와 각 지역구별 당선 예상자 명단을 먼저 발표했고 심지어는 당선 예상자와 인터뷰를 하는 성급함을 보였다. 개표 방송 초반에 기선을 제압하려는 방송사 간의 과열 경쟁으로 신속한 보도를 앞세우다 보니 고려해야 할 '오차의 한계'가 뒷전에 밀린 것이다.

253개 지역구 전체에 대한 당선자를 정확히 예측한다는 것은 무리다. 더욱이 표 차이가 근소할 것으로 예상되는 지역구가 많은 경우에는 오차의 한계를 반드시 고려해 예측에 신중을 기해야 한다. 투표자 조사 결과 오차범위(4.3%포인트) 이내의 예상 득표율 차이를 보인 선거구가 160여 개나 됐다. 따라서 방송사들은 '당선 예상', '경합 우세', '혼전' 등으로 구분해서 예측하거나, 각 당별로 최저 의석수와 최대 의석수를 제시하는 게 적절했을 것이다. 조사 회사들의 주장에 따르면 투표자 조사 결과는 오차의 한계범위 내에서 실제 선거 결과와 거의 맞았다고 한다.

여론조사의 선진국인 미국도 선거 여론조사가 본격적으로 시작된 1930년 이후 60여 년간 여러 차례 시행착오를 겪으면서 정확성과 신뢰성을 높여왔다. 그에 비하면 경험이 일천한 우리의 선거 여론조사가 겪은 이런 실수는 한번쯤 거쳐야 할 통과 의례일 수도 있다. 어느 나라든지 잘못된 예측으로 인한 망신의 경험을 갖고 있다. 유권자의 다양한 욕구를 충족시키고 올바른 선거 문화를 정착시키기 위해 선거 여론조사는 더욱 확대, 발전되어야 한다. 우리의 조사와 결과 해석의 수준을 더욱 정교하고 정확하게 하는 데 이 같은 경험을 좋은 계기로 삼아야 할 것이다.

43
못 믿겠어, 근거를 대봐!

이제는 어떤 주장이나 기사도 조사 결과를 요약한 숫자와 함께 제시되지 않으면 근거가 없는, 비과학적인 것처럼 받아들여진다. 또한 시장조사나 임상실험의 결과도 중요한 정보로 사람들에게 제공되고 있다. 하지만 대부분의 조사가 그 과정이나 해석에 대한 객관적인 검증작업 없이 우리들에게 주어지고 있는 것이 현실이다. 최근의 예를 들면 '여대생의 절반 정도가 성 경험이 있으며 피임을 제대로 하지 않아 임신중절을 한 여대생도 적지 않다' 는 조사 결과가 주요 언론에 일제히 보도되자 인터넷에서 수천 건의 댓글이 붙는 등 사회적으로도 큰 파장을 불러일으켰으며 조사의 신뢰성에 대해서도 강한 비판이 제기됐다.

조사의 신뢰성을 높이는 것은 무엇보다도 조사기관의 책임이다. "2 더

하기 2가 얼마냐?"는 물음에 여론조사가가 "2 더하기 2가 몇이 되기를 원하십니까?"라고 되물었다는 여론조사에 대한 비판적인 유머가 이를 대변해 준다. 특히 여론조사 결과의 발표는 그 파급효과와 영향력이 크기 때문에 그 과정과 해석에 대한 체계적인 검증작업이 필요하다. 이를 위해 보도윤리강령을 제정한다든지 다양한 전문가들이 참여하는 공정성 심의기구 설립이 필요하다.

조사 결과 발표는 대부분 언론을 통해 이루어지므로 언론도 객관적인 검증작업을 거친 뒤 결과를 발표하려는 노력을 해야 한다. 한 언론사의 수준은 그 언론사가 발표하는 여론조사의 수준과 같다고 생각한다. 언론이 발표하는 뉴스거리에 대해 신뢰성을 검증하는 것과 마찬가지로 조사 및 결과해석의 객관성과 공정성을 유지하기 위한 노력이 필요하다. 언론사가 과정이나 해석에 문제가 있는 여론조사를 여과 없이, 심지어 자극적인 제목을 붙여 발표하는 것은 정보화 시대에 바람직하지 않은 일이다. 사람이 개를 물어야 뉴스거리가 된다고는 하지만 지나친 보도경쟁, 의도적인 왜곡, 노골적인 편들기 등에 기인한 돌출성 기사 제목, 결과의 자의적인 해석 등은 조사뿐 아니라 조사발표 기관의 신뢰도를 함께 낮추는 결과를 가져다 준다.

아직도 많은 사람들이 다양한 조사 결과를 올바르게 이해하는 데 어려움을 겪고 있다. 따라서 조사를 하는 사람이나 조사 결과를 받아들이는 쪽 모두 왜곡된 정보를 주고받게 될 위험을 줄이려면 조사기관의 꾸준한 노력과 더불어 일반인은 조사에 대한 안목을 넓히는 일도 중요하다. 사람들의 조사 전반에 대한 안목과 지식은 조사자로 하여금 올바른 절차를 밟아서 조사를 수행토록 하는 압력으로 작용할 뿐 아니라 조사 결과를 올바르게 이해할 수 있도록 해준다.

조사 결과를 대할 때 행간行間을 읽기 위해서는 조사방법에 대한 약간의 지식이 필요하다. 이러한 약간의 지식에 대해서는 앞서 다양한 사례와 함께 제시했는데, 이를 간단히 요약하면 다음과 같다.

조사 결과의 행간을 읽기 위해서는 조사 결과를 대할 때 우선 누가(조사기관), 무슨 목적으로 조사를 했는지 자문해야 한다. 더욱이 조사에 드는 비용을 전적으로 부담한 후원자가 있다면 그 후원의 동기도 미루어 짐작해야 한다. 다음으로 표본이 적절한가를 생각해야 한다. 조사의 내용과 목적이 다양해도 본질적으로 대부분의 조사는 같은 성격을 지닌다. 전체를 다 조사하는 것이 아니라 전체의 일부인 표본만 조사해 전체를 예측하는 것이다. 그러나 표본만 조사해 그 결과를 가지고 전체를 예측하는 과정에서 여러 가지 오류와 왜곡이 생길 수 있다. 표본조사 과정은 긴 연결고리로 이어진 매듭에 비유할 수 있다. 각각의 연결고리가 모두 튼튼해야 견고한 매듭이 되듯이 훌륭한 조사도 각 단계가 올바르게 수행돼야 한다.

조사과정 어느 한 단계에서라도 잘못이 생기면 전체의 조사는 신뢰성 낮은 결과를 낳는다. 더욱이 첫 단계인 표본의 선정부터 잘못된다면 조사의 신뢰성은 크게 빗나가므로 모집단의 정의, 표집방법, 응답률, 그리고 표본의 크기 등에서 표본의 대표성이 유지되도록 주의를 기울였는지 체크해야 한다. 이러한 사항이 발표되지 않은 조사 결과는 굳이 심각하게 읽을 필요가 없는 것들이 대부분일 것이다. 설문에 관해서도 매우 비판적인 시각을 가져야 한다. 질문과 응답항목을 만드는 데 조사자의 주관적인 의도가 개입되지 않았는지 여부를 판단해야 한다. 따라서 질문과 응답항목이 결과와 함께 제시되지 않았다면 질문과 응답항목에 따라 전혀 다른 결과가 나올 수 있음을 명심해야 한다. 질문과 응답항목이 제시된 경우에는 직접 응답자가 돼서 질문에 응답해 보는 것도 좋다. 그 과정에서 왜곡의 여지에 대한 의문이 없다면 그 결과는 신뢰할 수 있다.

끝으로 해석을 할 때에는 구체적인 해석의 명확한 근거를 확인해야 한다. 특히 해석이 이상한 느낌이 든다면, 즉 상식적으로 이해가 되지 않는다면 구체적인 결과의 수치들을 확인해야 한다. 숫자와 제시된 결론사이에 논리적인 틈이 존재할 수도 있다.

참고로 미국에서도 여론조사에 대한 사회적인 비판이 높아지자 1969년 미국 여론조사 협회는 여론조사 결과를 발표할 때 다음의 8개 사항을 함께 발표하도록 했다.

1. 조사의 주관자와 후원자
2. 조사 대상 모집단에 관한 정보
3. 자료 수집의 구체적인 정보
4. 표본의 크기와 추출 방법
5. 실제 조사에 사용된 설문

6. 조사 시기

7. 표본 오차와 신뢰 수준

8. 오차의 요인들에 관한 정보

우리나라에서도 방송위원회에서 '방송의 여론조사 보도기준'을 마련해 각 방송사로 하여금 준수하도록 했는데, 그 내용은 여론조사 결과를 보도할 때 위의 8개 항을 명시하라는 것이었다. 위와 같은 8개 항의 내용이 조사 결과와 함께 요약돼 발표되지 않았다면 그 결과를 굳이 심각하게 읽거나 의미를 부여할 필요가 없다는 뜻이다.

44
정확한 수치를 이용하고
과장된 수치를 파악하는 힘

대화를 할 때 약간의 수치만 곁들여도 상대로부터 "아! 그렇구나"라는 감탄사를 받아낼 수 있다. 대화 속에서 나오는 수치는 말하는 사람이 그 내용을 빠삭하게 알고 있는 듯한 착각을 불러일으키기 때문이다. 두서없는 주장이라도 그 말 속에 몇 개의 수치를 인용하면 사람들은 쉽게 수긍한다. 이처럼 숫자는 과학적이라는 이미지와 설득력 있는 힘을 갖기 때문에 노련한 말꾼들은 필요한 경우에 숫자를 가져다 붙인다. 그러나 그런 숫자들은 대부분 어떤 근거도 없는 어림수인 경우가 많다. 자신의 주장을 인상적으로 보이게 하거나 순전히 논쟁에서 이기기 위해 억지로 꾸며낸 숫자일 것이다.

문제는 숫자에 주눅이 든 수문맹들에게는 하늘에서 떨어진 것처럼 전혀 근거가 없는 어림수일지라도 언제나 효과를 발휘한다는 사실이다. 갑자기 상대방에게 몇 개의 통계숫자를 갖다 대면 상대방은 어리벙벙해져서 반박조차 하지 못한다. 재미있는 예를 소개하겠다.

영국 수상을 지낸 디즈레일리는 항상 통계수치를 인용하는 것으로 유명했다. 국회에서 의원들의 날카로운 질문에 대해 각종 통계수치를 조목조목 인용해 대답함으로써 의원들의 예봉을 잘 피해나갔다고 한다. 그리고 대답할 때마다 항상 메모지를 보면서 각종 통계수치들을 인용했다고 한다. 디즈레일리 수상이 국회에서 답변을 하던 어느 날에 일어난 일이었다. 수상은 그 날도 자신의 특기를 살려서 숫자가 포함된 조리 있는 대답으로 의원들의 말문을 막았다. 그런데 수상이 자기 자리로 돌아올 때 실수를 해 그의 메모지를 바닥에 떨어뜨렸다. 그러자 수상의 통계수치 인용에 대해 평소에 감탄(?)해 온 한 호기심 많은 국회의원이 그것을 주웠다. 도대체 메모지에 무엇이 써 있을까 매우 궁금했던 것이다. 그런데 메모지를 본 의원은 깜짝 놀랐다. 수상이 열심히 들여다보며 참고한 메모지는 숫자 하나 적혀 있지 않은 백지였던 것이다.[38]

우리에게 주어지는 숫자로 된 정보의 상당수는 추정치, 즉 어림잡아서 추측된 값이다. 상대방이 이런 어림수를 들이댈 때는 어떻게 해야 할까? 어림수로 남을 속이려는 사람들의 공통적인 특징은 그들이 사용하는 어림수가 어떻게 계산됐는지를 설명하는 법이 없다는 것이다. 그러므로 상대방이 사용하는 어림수가 상식적으로 볼 때 이상하다고 생각되면 그 어림수의 근거에 대해 질문을 해 보아라. 상대방이 근거를 대지 못하고 당황한다면 억지로 꾸며낸 숫자가 틀림없다. 믿을 만한 근거를 댄다고 해도 여전히 아전인수 격으로 꿰어맞춘 것일 수도 있으므로 상대방의 주장을 입증하는 추가적인 증거(숫자)가 있느냐고 물어보는 것도 좋은 방법이다. 상대방이 숫자의 권위를 이용해 숫자놀음을 하고 있다는 느낌이 든다면 어림수의 계산 근거와 추가적인 증거를 요구해야 한다. 이런 이야기가 있다.

자동차로 여행을 하는 한 부부가 시골도로를 달리고 있었다. 길옆은 넓은 풀밭이 넓게 펼쳐진 목장지대였다. 수많은 양떼들이 풀을 뜯고 있는 목장 옆을 지나면서 운전을 하던 남편이 옆자리에 앉아 있는 부인에게 물었다.

"저 목장의 양이 몇 마리나 되는 줄 알아?"

"그걸 어떻게 알아요, 저렇게 많은데."

하고 부인이 대답했다.

남편은

"내가 세어보니 1,342마리야"

라고 말했다.

부인은 놀라서

"대단하군요, 그렇게 많은 양을 언제 다 세었어요"라고 물었다.

남편은 별로 대단한 것도 아니라는 표정으로 다음과 같이 대답했다.

"양을 센 것이 아니라 다리를 세서 4로 나누었지."

이 예는 물론 과장된 농담이다. 그러나 우리 주위에서 믿기 어려울 정도로 정확하게 추정된 어림수의 예를 종종 볼 수 있다. 그런 어림수를 대하면 우선 상식적으로 생각하는 것이 좋다. 상식적으로 생각할 때 그렇게 정확한 추측이 가능한지를 반문한다면 그런 어림수를 맹목적으로 받아들이지 않게 될 것이다.

다음은 1950년의 〈세계연감World Almanac〉에 실린 내용 중 하나다.[39]

"전세계에서 헝가리 언어를 사용하는 사람의 수는 800만 1,112명."

방금 말을 배운 어린아이까지 정확하게 포함된 숫자라는 인상을 주기보다는 하늘에서 떨어진 숫자라는 느낌을 준다.

미국의 권위 있는 일간지인 〈뉴욕 타임스〉에 뉴욕 시에서 있었던 퍼레이드의 비용에 관한 기사가 실렸었다.(Langley. 앞의 책, 13쪽) 이 기사에 따르면 성聖 패트릭 축제일St. Patrick's Day 퍼레이드에 시당국은 8만 5559.61달러의 비용을 지출했고, 푸에르토리코의 날Puerto Rican Day 퍼레이드에는 7만 4169.44달러를 지출했다고 발표했다.

상식적으로 생각할 때 퍼레이드에 든 비용을 몇 원까지 정확히 계산하기란 여간 어려운 일이 아닐 것이다. 이처럼 정확한(?) 어림수를 발표하는 것은 이 신문사가 이 문제에 대해 매우 관심이 높고 사소한 것에도 정통

하다는 인상을 독자에게 심어주려는 의도가 담겨 있다.

'이 신문은 매우 정확한 정보를 제공하는구나' 라고 생각하는 독자가 많을까, 아니면 어떻게 해서 그렇게 정확한 숫자가 나왔을까 하고 궁금해하는 독자들이 많을까? 내 생각에는 후자의 독자들이 훨씬 많을 것 같다.

로치Hal Roach 라는 코미디언이 자연사 박물관의 안내원에 관한 이야기를 소개한 적이 있다(Mauro, *Statistical Deception at Work*, New Jersey : LEA, Inc, 1992, 62쪽). 어느 날 방문객이 선사시대의 공룡의 뼈를 구경하다가 그 뼈가 얼마나 오래된 것인가를 안내원에게 물었다. 안내원은 머뭇거리지도 않고 300만 17년이 된 것이라고 대답했다. 그 연대의 정확함에 놀란 방문객이 그렇게 정확한 숫자의 근거를 다시 물었다. 그러자 안내원은 "내가 여기에서 처음 일을 시작했을 때, 그 뼈는 300만 년 된 것이라고 들었다. 그 후로 나는 여기에서 17년 동안 일을 했다"고 대답했단다.

공룡의 나이 300만 년은 원래부터 추정치인 것이다. 거기에다 17년을 덧붙여서 말하는 것은 정확한 수치라는 인상을 주려는 것에 지나지 않는다. 물론 이 예는 과장된 것이기는 하다. 그러나 유사한 상황에서 사람들은 그저 허세를 부리거나 또는 논쟁에서 이기기 위해 어림수를 정확성으로 종종 치장한다.

세상에는 수많은 수치가 있다. 사람과의 대화 중에도 수치는 심심찮게 등장한다. 그것이 과장이나 허세를 부리기 위함인지 받아들여도 좋은 정확한 수치인지 잠깐이나마 따져보는 습관을 들이면 잘못된 정보를 보고 놀라거나 감탄하는 실수를 피할 수 있다.

●●● 주

1 양귀자, 《천년의 사랑》 상, 살림출판사, 1995, 113쪽

2 밀란 쿤데라, 《참을 수 없는 존재의 가벼움》, 송동준 역, 민음사, 1999, 64–65쪽

3 김한길, 《낙타는 따로 울지 않는다》, 청하, 1989

4 윤흥길, 《장마》, 민음사, 2005

5 김찬호, 《사회를 본다. 사람이 보인다》, 고려원미디어, 1994, 81쪽

6 황지우 詩, 〈버라이어티 쇼, 1984〉 중에서

7 생텍쥐페리, 《어린 왕자》 중에서

8 《사회를 본다. 사람이 보인다》, 82쪽

9 박경리, 《문학을 지망하는 젊은이들에게》, 현대문학, 1995, 117쪽

10 존 파울로스, 《식수識數의 너머로 beyond numeracy》, 빈티지출판사, 1992, 52쪽

11 김찬호, 《사회를 본다. 사람이 보인다》, 고려원미디어, 1994, 38쪽

12 이문열, 《레테의 연가》, 도서출판 둥지, 1991, 71쪽

13 이문구, 《글밭을 일구는 사람들》 중에서, 열린세상, 1994, 23쪽

14 전여옥, 《일본은 없다》, 지식공작소, 193쪽

15 〈통계로 보는 한국의 모습〉, 통계청, 2000, 299쪽

16 한국은행 〈알기 쉬운 경제지표 해설〉 1995, 245쪽에서 인용

17 Huff Darrell 《How to Lie with Statistics》 83쪽에서 인용

18 Campbell, 《Flaws and Fallacies in Statistical Thinking》, New Jersey,1974, 100쪽에서 인용)

19 《사회를 본다. 사람이 보인다》 86쪽에서 인용

20 Thaler, Richard(1985), 〈Mental Accounting and Consumer Choice〉, Marketing Science, Vol. 4, No.3(Summer). 199~214쪽 참조

21 〈조선일보〉, 1994. 10. 20, 1면, 만물상

22 〈일간 스포츠〉, 1995. 7. 13, 21면, Sex & Beauty 칼럼

23 〈조선일보〉, 1994. 10. 20, 1면, 만물상

24 강병기, 《삶의 문화와 도시계획》, 나남, 1993

25 홍세화, 《나는 빠리의 택시운전사》, 창작과 비평사, 1995, 18쪽

26 한수산, 《벚꽃도 사쿠라도 봄이면 핀다》, 고려원, 1995, 172~174쪽

27 〈연합뉴스〉

28 Wallis W(1949), "The Statistics of Kinsey Report," Journal of American Statistical association, Vol.44, p.466

29 김광웅 교수의 중앙시평 : 후보 여론조사 문제없나 중 일부, 〈중앙일보〉 1995년 5월 29일 4면

30 이문열, 《오딧세이야 서울》, 1권, 195쪽, 민음사, 1993

31 카이로＝AP 연합

32 ◆◆일보 1995년 8월 18일 35면

33 ◆◆일보 1995년 9월 7일 23면

34 Cohn, Victor(1989), *News and Numbers*, Ames : Iowa State University Press, 35쪽에서 인용

35 *News and Numbers, Ames*, 13쪽에서 인용

36 김광웅 교수, '후보여론조사 문제없나', ○○일보 1995년 5월 29일자 4면

37 《오딧세이야 서울》, 1권, 194쪽

38 김양호 · 조동준 공저, 《화술과 인간관계 4》, 도서출판 시몬, 1992, 229쪽 인용

39 Langley, *Practical Statistics−Simply Explained*, Dover, 1970, 37쪽

괴짜 통계학

제1판 1쇄 발행 | 2008년 12월 5일
제1판 13쇄 발행 | 2021년 11월 1일

지은이 | 김진호
펴낸이 | 유근석
펴낸곳 | 한국경제신문 한경BP

주소 | 서울특별시 중구 청파로 463
기획출판팀 | 02-3604-590, 584
영업마케팅팀 | 02-3604-595, 583   FAX | 02-3604-599
H | http://bp.hankyung.com   E | bp@hankyung.com
F | www.facebook.com/hankyungbp
등록 | 제 2-315(1967. 5. 15)

ISBN 978-89-475-2656-2   03320